思ったことが瞬時に言える
英会話トレーニング

バイリンガルになれる
YouCanSpeak
メソッド

はじめに

　勤勉な人が多い日本は、経済的には先進国の1つとなっている。でも残念ながらその同じ日本が、英語に関しては後進国に数えられている。特にスピーキングとなると、ほとんどの人がお手上げ状態である。私の友人の1人で国会議員をしている人が、あるときおもしろい話をしてくれた。それは国際会議で各国の政治家が集まるとき、公式なミーティングが終わったあともさかんに議論が交わされるが、日本の代表者は、豪華なご馳走で外国の政治家を手厚くもてなすというのだ。議論をしないで食事で接待するのは、議論をしたくないからではなく、英語を自由に話せないからだと彼は言った。

　英語がペラペラになるために特別な才能は要らない。と言うより、人間であるなら誰でもその才能を持ち合わせている。すべての結果にはその原因があるように、英語が話せないのにはその原因があり、上手に話せるようになる原因（方法）もある。

　大半の日本人が英語を話せないのは、決して話せるようにはならない学習法を無意識的に選択しているからだ。熱心さや、多くの学習時間、あるいは英語づけになることは大切であるが、それらだけでは英語を自由に話せるようにはならない（幼少時の場合を除く）。その証拠に、アメリカに長年住んでいても英語を上手に話せない日本人が大勢いる。

　英語習得に最も大切なのは、どこで学ぶか、あるいはどれだけ時間をかけて学ぶかではなく、どのような方法で学ぶかである。私はその方法を知っている。**YouCanSpeak** がそれである。「自分には語学の才能がないのでは？」とか「本当に話せるようになるのだろうか？」などと余計なことは考えずに、とにかく本書で紹介する **YouCanSpeak** にチャレンジしてみていただきたい。あなたはきっとすごい語学の才能があったことに気づくであろう。

　スピーキングは「意味の瞬間的音声化」であるが、その前提となるのが、頭の中にある思いを表現するためのことばの適切な並べ方である。すなわち、英文を作り出す能力である。英会話を学んでいる日本人は多いが、英文を自由自在に、しかも瞬時に作り出す練習をしている人は非

常に少ない。瞬時に英文を作り出すことができなければ、音声として発生させる素材がないので、結局「話せない」ということになる。

　大半の英会話の学習は「目的型」である。「目的型」とは、ある特殊なシチュエーション、たとえば買い物のときに必要な表現を学ぶ方法である。この学びはとても大切で役に立つが、その場面でしか使えない表現なので、会話の内容が変化していったとき、もはやついていけなくなる。

　YouCanSpeak という学習法（特許申請中）の最大の特徴は、英文を自由自在に、そして瞬時に作り出す能力を養うところにある。「意味が異なれば言い方が異なる」「言い方が異なれば意味が異なる」という考えの元に、英文を作り出すために必要な要素と、それらを自由に組み合わせることのできる能力を、脳の奥深くに刻み込むために考え出されたメソッドである。

　この方法で学んでいくと、今まで決して言うことができなかった長い英文も、いとも簡単に作り出すことができるようになり、いろいろな思いを表現できるようになる。**YouCanSpeak** は「目的型」ではなく、「全発想領域カバー型」学習法である。

　このメソッドで学んでいただければ、今まで英語がまったく話せなかった人、あるいはじっくり考え込んだあとでないと英語が出てこない人たちが、いとも簡単に話せるようになるだろう。そして **YouCanSpeak** の学びを終了したとき、以前の自分とはまったく異なる自分を発見するに違いない。

2006 年 9 月

木下　和好

スピーキング認定級取得 ➔ http://www.youcanspeak.net/

目次 CONTENTS

はじめに ……………………………………………………… 3
本書の構成と利用法 ………………………………………… 6

第1章 YouCanSpeak メソッドの特長

YouCanSpeak メソッドとは …………………………… 9
1. 英語が話せるようになる基本要素 ……………………10
2. スピーキングが上達しない本当の理由 ………………12
3. 言葉（英語）のメカニズム ……………………………17
4. 英文を作り出す方法 ……………………………………22

文の名詞化・副詞化とは ………………………………28
1. 文の名詞化 ………………………………………………28
2. 文の副詞化 ………………………………………………34

第2章 YouCanSpeak 実践トレーニング

Exercise のガイドライン ………………………………38
- Step 1 「名詞化」その1（35パターン）……………40
- Step 2 「副詞化」その1（13パターン）……………58
- Step 3 「名詞化」その2（35パターン）……………66
- Step 4 「副詞化」その2（13パターン）……………84
- Step 5 「名詞化」その3（35パターン）……………92
- Step 6 「副詞化」その3（13パターン）……………110
- Step 7 「名詞化」その4（35パターン）……………118
- Step 8 「副詞化」その4（13パターン）……………142

第3章 名詞化パターン35と副詞化パターン13

1. 名詞化パターン35 ……………………………………154
2. 副詞化パターン13 ……………………………………183

第4章 YouCanSpeak 実力判定問題 ……………………197

本書の構成と利用法

■ YouCanSpeak メソッドの特長と語句の置き換え練習

　本書は、私が長年研究してきた、英語を自由自在に話すことができるようになるためのメソッドを、計175の名詞化と副詞化パターンにまとめて紹介したものである。
　英語を自由に話すためには、2つの要素を完成させる必要がある。その1つは「意味＝思い」と「音声」の合体作業である。ヒアリングは「音声の瞬間的意味化」、そしてスピーキングは「意味の瞬間的音声化」のことなので、音声と意味の合体が起こらない限り、聞いてもわからず、言いたくてもことばが出てこない。
　意味と音声を合体させるためには、頭の中にある思いと口から出る音声をシンクロナイズさせる必要がある。すなわち、発生する英語の音声が、頭の中に思い描いている内容と完全に一致していなければならない。そこに「瞬間的」という要素を加えたとき、初めて音声と意味の合体が実現する。自主的に何かを思い、それを音声で表現することが望ましいが、練習の過程で必要な英語音声を導き出すための心の思いを自由自在に発生させることは容易ではない。それで YouCanSpeak メソッドの第一の使命は、音声と意味の合体に必要な十分な素材を提供し、それらが瞬間的に英語の音声として口から出るようにするところにある。

　英語を自由に話すための第二の要素は、脳の中に基本構造を刻み込むことである。語彙が限られているアメリカ人の小さな子どもが英語をペラペラ話すのは、その作業が完成しているからだ。
　英語の基本構造とは、本書で紹介した175の要素を自由自在に組み合わせることのできる能力のことで、YouCanSpeak メソッドのもう1つの特長がここにある。コンピュータープログラムはOnとOffの2つ要素が無限に組み合わされて成り立っている。またすべての電話番号は0から9の10個の数字の組み合わせでできている。そして英語の場合、175の要素の組み合わせでその意味が決まる。その中で特に35種類の名詞化、そして13種類の副詞化の習得とそれらの代入練習は、ありとあらゆる英文を自由自在に作り出すために欠かすことのできない要素となる。(http://www.youcanspeak.net/ 参照)

■ 本書の構成

本書は全体を4章に分け、「第1章 YouCanSpeak メソッドの特長」では、
1. 英語が話せるようになる基本要素
2. スピーキングが上達しない本当の理由
3. 言葉（英語）のメカニズム
4. 英文を作り出す方法

という4つの特長を紹介した。

続いて、「第2章 YouCanSpeak 実践トレーニング」では、YouCanSpeak メソッドを使った実践トレーニングを展開していく。YouCanSpeak メソッドとは、一言で言ってしまえば、単文を複文化する方法のことである。他動詞の目的語となる名詞1語の代わりに、不定詞や動名詞、あるいは関係詞節を代入すれば、文はおのずと長くなるが、伝えられる情報量はそれだけ増加することになる．

YouCanSpeak メソッドとはこの置き換え練習のことなのである。だが、この置き換えに習熟すると、スピーキング力は驚くほど飛躍的に伸びていく。

「YouCanSpeak メソッド」トレーニングでは、まず、日本語が与えられる。このすべての日本語を即座に英文にしてみる。

【名詞化-06】　無制限/38秒(7)/30秒(5)/33秒(3)/14秒(1)

- 基本　彼はよいリーダーです。
- 変化　よいリーダーになること
- 代入　その計画はやさしくありません。
- 合成　よいリーダーになることはやさしくありません。

⇩

- 基本　He is a good leader.
- 変化　to be a good leader
- 代入　The plan is not easy.
- 合成　To be a good leader is not easy.

ここで取り上げた「基本」「変化」「代入」「合成」とはそれぞれ次のような意味がある。

> (1) ▶基本◀ 基本英文を言えるようにする。最初は比較的短いが後になると長くなってくる。
> (2) ▶変化◀ 基本英文の名詞化あるいは副詞化表現を言えるようにする。不定詞句、動名詞句、関係詞節などになる。
> (3) ▶代入◀ 名詞化・副詞化された表現の代入先となる英文を言えるようにする。
> (4) ▶合成◀ 代入文に名詞化・副詞化された表現が代入された英文を言えるようにする。

　日本文の上に記されている時間はできるだけ早く言えるようになるための時間制限を意味している。上の4つを最長でも38秒以内に言えるようにならないと、コミュニケーションが成立しなくなる恐れがあるからである。

　実践トレーニングが終了したあとで、「第3章 名詞化パターン35と副詞化パターン13」について、詳しく紹介したので、ここもあわせて読んでいただいた上で再度トレーニングを積むといっそう効果的である。

　まとめとして、「第4章 YouCanSpeak 実力判定問題」を取り上げたが、80％以上正しく言えるようになっていればスピーキング力が伸びているといえるだろう。

　なお、「第2章 YouCanSpeak 実践トレーニング」と「第4章 YouCanSpeak 実力判定問題」のすべての英文はCDに収録されているので、スピーキングの際の模範にしてもらいたい。

第1章

YouCanSpeakメソッドの特長

「YouCanSpeakメソッド」とは

1 英語が話せるようになる基本要素

● ネイティブスピーカーと日本人を隔てている深い谷間

　アメリカのグランドキャニオンに行くと、谷の向こう側が手の届くほど近くに見えるのに、恐ろしいほど深い谷間で隔てられている場所がある。あるとき、一人のふとどき者が私が見ている前でその谷間に大きな石を投げ入れた。だが驚いたことに、底にたたきつけられる音はまったく聞こえなかった。そのとき私は、谷の深さを再認識した。

　ことばに関しても、ネイティブスピーカーと外国人を隔てる大きな谷間が存在する。すなわちアメリカ人やイギリス人と日本人の間には深い溝があるということである。

　英語のネイティブスピーカーとは、子どものときに無意識的にことば（＝英語）を習得した人を意味する。無意識的に習得した人は、何も考えずに思ったことを瞬間的に言うことができる。どういう単語をどういう順序で言うべきかなどと考える前に、ことばが出てくる。脳の中にことばを話すために必要な要素が十分蓄積されていて、無意識的に英文が作り出されていくからだ。だが、日本人の脳の中には、英語を話すための必要な要素は存在しない。それが英語のネイティブスピーカーと日本人を隔てる深い谷間である。

　その深い谷間を意識しながらスピーキングの指導ができる英語のネイティブスピーカーは、そんなに多くはいない。普通の日本人が、日本語を話すための必要要素を外国人にわかりやすく教えることができないのと同じである。でも、その溝が埋まらない限り、日本人は谷の向こう側に行くことはできない。すなわち英語のネイティブスピーカーとの距離を縮めることはできない。これから本書で紹介する YouCanSpeak は、まさにこの谷間を埋めるために考え出されたメソッドなのである。

● 年齢により異なる語学習得法

　アメリカに長く住んでも、あるいはネイティブスピーカーから英語を学んでも、英語が少しも上達しないことがよくあるが、これは脳の働きが年齢により異なるからだ。

　家族そろって海外転勤になった場合、親が英語で四苦八苦しているときに、

子どもは2～3カ月もすると英語がペラペラになってしまう。しかも美しい発音で話すことさえできるようになる。しかし、同じ子どもでも小学校高学年になっていると、そんなに簡単にはいかない。そのころになると小学校低学年のときとは脳の働きが違ってくるからだ。中学生以上の場合では、英語漬けになったとしても自動的に英語を習得するというわけにはいかなくなる。

年齢と脳の働きの違いを無視して、何でもかんでも私たちが日本語を学んできたやり方、すなわち母国語方式が一番だと考えていると、学習法を誤り、英語の習得が遅くなってしまう。

● 英語を話すための「基本要素」

英語を話すには、次のような英語の基本要素が頭の中に入っていなければならない。

---

(1) 文型（5文型を含む31の要素）
(2) 動詞の使い方（時制や助動詞の使い方などを含む45の要素）
(3) 形容詞・副詞・名詞（種類と組み合わせを含む51の分類）
(4) 文の名詞化（35種類）と文の副詞化（13種類）

英語を母国語とする人たちは、小学校入学前にこのほとんどが完成している。しかし、13歳以降（厳密には10歳以降）に英語を学び始める場合は、その「英語の基本要素」が自然にあるいは無意識的に頭の中で整理されにくくなる。このため、「英語の基本要素」を頭の中に蓄積させる意識的な英語学習が絶対に必要となる。

私が考案し、本書で展開している **YouCanSpeak** は、こうした英語の基本要素を効率よく頭の中に蓄積させるメソッドなのである。

2 スピーキングが上達しない本当の理由

　日本人のスピーキング力が上達しない唯一の原因は、スピーキング力をつける練習をしていないところにある。

● ヒアリング力とスピーキング力の違い

　ヒアリングとスピーキングはまったく異なる能力である。

　脳もヒアリングを司る部分とスピーキングを担当する部分は、明確に区別されている。それを明らかにする事例として、ヒアリング力100％でスピーキング力0％ということがある。この現象は特に移民の子どもたちに顕著に現れる。

　アメリカに移住した親は、なかなか英語が習得できないので、子どもたちには自分たちの母国語で話す。もちろん子どもたちは親のことばを100％理解する。だが、子どもたちは英語の世界で生きているので英語が母国語になり、親に対して英語で反応することになる。すなわち2つの言語での会話のやり取りとなる。驚くことに、こうした子どもたちは聞いてわかる親のことばを話すことができない。

　ヒアリングとスピーキングは担当する脳の部分が異なるだけでなく、受動的能力と能動的能力という決定的な違いがある。

● 人が作った英語を理解するだけでは不十分

　明治以来、日本の学校で教えてきた英語は、英米人が書いた英語の意味を捕らえるものだった。文法用語を駆使し、日本語と構造が異なる英語の意味を理解することに主眼が置かれていた。こうした学び方は、英語の文献を理解するという意味では有意義である。

　だが、これでは不十分であることに気づいた日本人は、もっと実践的な英語を重視するようになった。その結果、英検でも大学入試でもヒアリングの比重が大きくなってきた。TOEFLやTOEICのテストも、ヒアリングができなければ良い結果を出すことができない。だが、これらも「人が作った英語を理解する」という範疇を出ていない。

　このように英語学習は、文字で読んで理解するところから、音声を聞いて理解するところまで発展してきたわけだが、それはスピーキング力の学習とは異なる。ヒアリング力だけでなくスピーキング力が備わっていなければ、会話を交わすことはできないのである。

● スピーキングは連続する「創作活動」である

　スピーキングは創作活動である。脳の中に涌き出る発想は創作そのものであり、それをことばに置き換えるのも創作活動である。もし会話がことばの連続的創作活動でなければ、もはや生きたことばではない。夫婦の会話が他人が作った文章を丸暗記し、それらをつなぎ合わせて言うだけでは離婚は間違いない。

　命ある人間は、自分の思いをことばにするのであって、だれかが作った文をそっくりそのまままねするわけではない。創作活動なしでことばをしゃべるのは、オウムの類いだけだ。オウムと真面目に会話をする人などいない。

　スピーキングを司る脳の部分と、創作活動をする脳の部分は隣接していて、それら二つを切り離すことはできない。思ったことを瞬間的に英語に変換できなければ、すなわち英語を創作できなければ、英語を話すことはできない。

　TOEIC 900点以上の人でも、英語を自由に話せるとは限らない。900点というのは、あくまでも受動的能力の点数にすぎないからである。学校英語だけでなく、多くの英会話学校での学習も、英語の創作能力を高める練習が欠如していると言ってよい。

● 音声に対する意味の付加

　「音声」と「意味」が合体したとき、それがことばとなるが、音声に意味を付加させる要素には次の4つがある。

(1) 五感による意味の付加　―母国語習得方式―

　お腹が空いているときに "Are you hungry?" と聞かれれば、その意味が推測でき、音声と意味の合体が進む。五感による意味の付加の弱点は、五感で感じることのできない内容や、複雑な構造の場合、音声に対する意味の付加が難しくなることだ。

(2) 成り行きによる意味の付加　―母国語習得方式―

　ミルクがいっぱい入ったグラスを持ち運ぶときに "Be careful!" と言われれば、その意味は推測できる。「成り行き」は「五感」だけでは意味が認識できない部分に意味を付加することができる。

(3) 文脈による意味の付加　―母国語習得方式―

　聞こえてくる音声の意味が70％ほどわかれば、残りの30％の意味は推測できる。実は日々の生活では、このプロセスが何度も何度も繰り返され、ことばが脳の中に刻まれる。

　もし聞こえてくる音声の意味が30％程度しかわからない場合は、残りの70％の意味を推測するのは難しくなる。ましてや、13歳以降に学習を始める場合、文脈で意味を捕らえるのはかなり困難である。

(4) 母国語による意味の付加

　音声に対する意味の付加は、「説明」によってのみ可能な領域がある。その説明はすでに知っていることば（＝母国語）で行われる。親からの説明、国語の授業などがそれに当たる。

英語が母国語の場合

	母国語（1）領域 ←　9歳以前に習得する基礎英語構造　→			母国語（2）領域 ←　既習言語による意味の付加　→
意味付加要素	五感	成り行き	文脈	母国語（1）による説明
習得度（％）	100	100	100	100

英語が外国語の場合

	←　13歳以前に習得する基礎英語構造　→			←　既習言語による意味の付加　→
意味付加要素	五感	成り行き	文脈	英語による説明
習得度（％）	30～70	10～30	0～20	0～20

　　　　この色の部分は、学習者の母国語によってのみ意味が付加される

● 意味の提供不足

　ことばは「音声」と「意味」の2つの要素から成り立っている。音声は空気振動により人から人へ伝わる記号である。その音声自体には意味は含まれていない。意味は話す人、あるいは聞く人の脳の中で形成されるもので、伝達されるものではない。意味と音声（記号）の合体ができている人は、音声が耳を通して脳に到達したとき、それが意味に変換される。また頭の中で思ったことが音声に変換されて空気振動になり、他の人の鼓膜に届く。

　このことからわかるように、ことばの習得は「音声と意味の合体作業」である。それゆえ聞こえてくる音声と、その意味を認識させる2つの要素が同時に存在しないと、合体は起こらず、ことばも覚えない。

　日本人がなかなか英語を習得できない理由の一つが、音声に対する適切な意味の付加が不足していることである。意味の付加がなければ音声と意味の合体は起こらず、英語を話すことはおろか、聞くことすらできない。英語を聞いてだけいれば使えるようになると考えるのは迷信で、ことばの構造を無視した発想である。

　英語漬けの状態で英語を学ぶ場合（ネイティブスピーカーから学ぶ場合も含む）、9歳以前に英語を覚えるのと、13歳以降に学び始めるのとでは、その結果はまったく異なる。特に、母国語によってのみ意味が付加される領域では、今学習している言語（英語）で意味の付加を行うことには無理がある。なぜなら学習者にとって、英語は母国語ではないからだ。

　英語は英語だけを使って覚えるのが最善と考える人たちが多い。実際に英語

のネイティブスピーカーは、英語を使ってわからない部分の意味の付加作業を行っている。だが、もしアメリカ人の子どもたちに、英語の実力をアップさせるのに母国語すなわち英語を使うことを禁止したら、国語の授業も成り立たないし、親が子どもにことばの意味を教えることもできなくなってしまう。

英語を母国語とする人でさえ、明確な意味の付加を母国で行うのに、英語を知らない日本人が、意味の付加のために母国語（日本語）を使うことを禁止するのは道理が合わない。

アメリカ人が英語を学ぶときに決して日本語を使わないのは、日本語をまったく知らないからである。英語を母国語とするアメリカ人のことばの学び方を見て、それをそっくり日本人に当てはめるのは、すなわち日本語の使用を禁止することは、正しい態度ではない。それはアメリカ人に英語の使用を禁止するのと同じである。

日本人が英語の音声に意味を付加させるのに、英語しか許されない場合、「よりやさしい英語」の意味を「より難しい英語」で理解しなければならなくなる。これはとても不合理である。成人した日本人（13歳以降、厳密には10歳以降）が日本語なしの状況で英語を学ぶときの限界がここにある。

英語漬けになって英語を学ぶ場合、音声に対する意味の提供が不十分で、結果的に英語がなかなか習得できないということが往々にして起こる。それがアメリカなどの語学研修プログラムの現場で起こっている現象でもあり、大きな社会問題となっている。何年英語圏に住んでも、英語が上達しない理由はそこにある。

私がアメリカの会社に勤めていたとき、日本からの来客がアメリカ人の同僚とある会社訪問に出かけた。道すがら"funeral（葬儀）"に向かう車列とすれ違った。異様な光景を見た日本人は、その行列が何かを同僚に尋ねた。同僚は2時間もかけて"funeral"の説明をしたが、日本人は結局その意味を理解できなかった。オフィスに戻った日本人は、私に「"funeral"って何のことですか？」と尋ねたので、「葬儀です」と答えたら、「なあんだ。葬儀だったのか」と言って一瞬のうちに謎が解けてしまった。

この例のように、母国語にはことばの微妙な違いを的確に理解させる力がある。どんな抽象的概念であっても、母国語でその意味を補えば、即座に習得してしまう。日本語で意味を補うと英語が習得できなくなるという事実はない。

「日本語による意味の付加」と「日本語から英語への翻訳」とは決して同じではない。後者では英語のスピーキング力を身につけることができない。

YouCanSpeak は、的確な意味の付加のために、日本人にとっての母国語、

すなわち日本語を使用している。その唯一の目的は、「意味」→「音声化」の練習のために、その「意味」を提供することである。

● 目的型英会話の是非

　英語ペラペラには二つのタイプがある。一つは、丸暗記した限られた数の英語を上手につなぎ合わせてペラペラしゃべるタイプだ。表面的にはペラペラに見えるが、話題が変化するともはや会話についていけなくなる。もう一つのタイプは本当のペラペラで、臨機応変に英文を作り出しそれを音声化することができるので、会話の中身がどのように変化しても、いつでも自分の思いを表現できる。

　会話の教材も、ネイティブスピーカーが教える英会話も、そのほとんどが「目的型英会話」である。「目的型英会話」というのは、特定場面で必要な表現（例えば買い物のときに必要な表現）を習得する学習法で、とても重要な学習ではある。いつか直面するであろう場面のために必要な英語を覚えておけば、とっさのときに困らない。例えば、

　I'm afraid I got lost. How can I get to the station?
　（どうやら道に迷ってしまったみたいです。駅にはどう行けばよろしいですか？）

という英語を覚えていれば、本当に道に迷ったときに助けてもらえる。でも、その英語は道に迷うまでは使えない。その英語を使うためにわざわざ道に迷うのもおかしい。「目的型英会話」の一つの短所は、それがパッチワーク英語に陥りやすいという点である。パッチワーク英語では応用力が身につかず、せっかく覚えた英語を使うチャンスはめったに訪れない。

　生きた会話は、内容が次から次へと変化していくものなので、丸暗記的パッチワーク英語では対応できないのである。実は、生きた会話とは、今まで一度も練習したことのない「ことばの組み合わせ」を使って話すことを意味する。

　本当の英会話の学習は、**YouCanSpeak** メソッドのように、あらゆる場面に対応できて、どんなことでも英語で話すことができる「全発想領域カバー型」アプローチでなくてはならない。英語の発想領域のすべてをカバーするための最小限の表現要素が頭にインプットされていることが、本当の意味で英語がペラペラになるための条件となる。

3 ことば（英語）のメカニズム

　ことばのメカニズムがわかると、英語を習得するために何をすべきかもわかってくる。同時に今まで英語が話せなかった原因も見えてくる。
　前に、「ことばの習得は音声と意味の合体作業である」ということを説明したが、このことをもう少し詳しく見ていくことにしよう。

● 通訳をしていない自分に気づいた

　私は高校1年のときから通訳を始めたが、大学の2年間、通訳をしながら物理の授業を受講した。教授がアメリカ人で、日本語を自由に話すことができなかったからである。
　ある日講義を通訳しているときに、ふと気づいたことがある。それは通訳をする前に通訳が終わっていたということである。通訳がすでに終わっているので、あとはそれを日本語で表現するタイミングを待つだけであった。
　通訳には「訳す」というプロセスが存在しなかったのである。もしそれが事実であるなら、「通訳」ということば自体が不適切ということになる。このことに気づいてから、私は「通訳」ではなく「イメージの再生」ということばを使うようなった。
　このときにはっきりわかったことは、ことばは

　　　　　「意味・思い・イメージ」と「音声＝記号」

の二つから成り立っているということであった。通訳者が英語音声（記号）を聞くとき、脳の中でそれが瞬時に「意味」に変換される。「意味」と「思い・イメージ」は同じなので、「意味」がわかればそれは表現したい「思い・イメージ」となり、次の瞬間それが日本語音声（記号）に変換されるのである。すなわち、英語で入力されたイメージを日本語で再生するのが通訳ということになる。
　これは私にとって大発見であり、それは後に「通訳メカニズム」あるいは「英語メカニズム」の解明につながっていった。私が **YouCanSpeak** で展開しているのも、この「通訳メカニズム」＝「英語メカニズム」なのである。

● 音声の意味化、意味の音声化

　「音声の意味化＝Hearing」と「意味の音声化＝Speaking」を図にすると次のようになる。

（Hearing の場合）

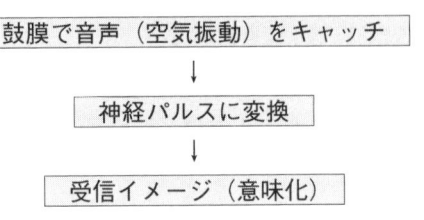

```
鼓膜で音声（空気振動）をキャッチ
        ↓
    神経パルスに変換
        ↓
   受信イメージ（意味化）
```

＊空気振動による音声は記号であって、それ自体は意味を含まない。また、それが神経パルスに変換された時点でもまだ記号であり、意味を持たない。聞く人の脳に到達した時点でそれが意味になるかならないかが決まる。脳の中で記号が意味化するのは、音声と意味の合体作業が完成している人の場合だけである。

（Speaking の場合）

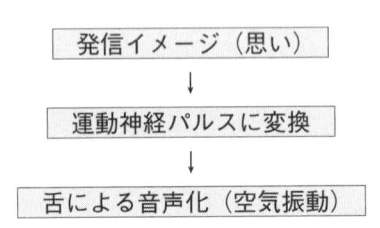

```
   発信イメージ（思い）
        ↓
   運動神経パルスに変換
        ↓
   舌による音声化（空気振動）
```

＊意味（思い）は自動的には音声化されない。音声と意味の合体作業が完成している人だけが、思いを音声化することができる。**YouCanSpeak**は、徹底した意味と音声の合体作業であり、思いを瞬時に音声化できるように仕組まれたメソッドである。

「聞いて意味がわかるとは」
　英語の入力音声とその意味の合体作業が完成している場合、聞こえてくる英語は聞き手の脳の中で瞬時に意味化されるので、その意味がわかる。

「聞いても意味がわからないとは」
　英語の入力音声とその意味の合体がなされていない場合、聞こえてくる英語は聞き手の脳の中で意味化されないので、その意味がわからないということになる。

「思ったことが言えるとは」
　意味（思い・イメージ）と音声の合体作業が完成している場合、頭に思い浮かぶことを瞬間的に音声化でき、英語が話せるということになる。

「思ったことが言えないとは」

　意味（思い・イメージ）と音声が合体されていない場合、頭に思い浮かぶことを音声化することができないので、英語が話せないということになる。

「バイリンガルとは」

　バイリンガルの人とは、音声と意味の合体が、英語音声と日本語音声のどちらにおいても確立している人を指す。そういう人は、どちらの言語の音声が耳に入ってきても、瞬時に意味化されるので、その意味がわかる。また、頭に思い浮かぶことを、英語の音声、あるいは日本語の音声のどちらにでも自由自在に音声化させることができるので、日本語も英語も自由に話せるということになる。

意味と音声の合体練習で、出力イメージをどう提供するか？

　Hearing は受動的なので、聞き手は受信音声の意味を理解するだけでよい。しかし、Speaking のほうは、話す内容を思いつくところから始まる。実際 Speaking の場合、脳の「創造活動」を担う部分が使われる。それで、英語を話す練習をする場合、まず出力イメージ（話す内容）を用意する必要がある。「とにかく英語を話せ」では、Speaking の練習は成り立たない。

　出力イメージ（話す内容）を用意する方法に、次の三つがある。

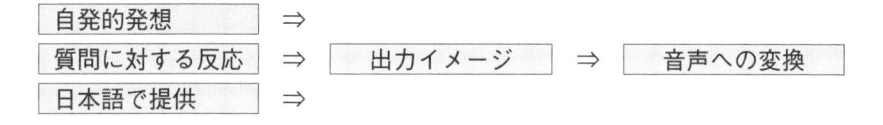

```
自発的発想         ⇒
質問に対する反応   ⇒    出力イメージ   ⇒   音声への変換
日本語で提供       ⇒
```

● 自発的に発想する

　話したい内容を自発的に思いつけば何の問題もない。テーマを与えられてスピーチする場合や、とっさに思いついたことを話す場合などは、「出力イメージ」が自発的に作り出される典型例だ。ひとりごともこの部類に入る。ただ意味と音声の合体練習の場合、無造作に思いつく内容だけではことばの規則性を把握したり、英語の全領域をカバーする組織的な学習が難しくなる。

● 他人の言動や質問に対する反応

　外部からの刺激で「出力イメージ」が作り出されることもある。他人の言動に対する反応や質問に対する答えなどがそれである。これはネイティブスピーカーの先生が学生に話させるためによく使う手法だ。だが、この方法でも、学習者の頭の中に意味と音声の合体練習に必要な内容を満遍なく思い浮かばせることは、そう容易ではない。この学び方だけでは、断片英語になりやすく、

「思ったことは何でも自由に英語で言える」状態にはならない。

● 日本語で提供

出力イメージは、日本語で提供することもできる。この方法だと、発想領域のすべてをカバーするような「意味と音声の合体」練習が可能になる。このような日本語の使い方は、英語習得に害を与えることはない。むしろ正確な英語が言えるようになるために大きな役割を果たす。

● YouCanSpeak 方式

YouCanSpeak は、日本語で「出力イメージ」を提供し、そのイメージを英語音声に変換する練習である。この方法だと、思いつきによる偏った表現に限定されない幅広い練習が可能となる。これは「日本語→イメージ→英語音声への変換」という順序なので、「イメージ→英語音声への変換」ということばのメカニズムと合致している。

「英語で考える」とは「イメージ→英語音声への変換」のことで、YouCanSpeak メソッドが提供する方法である。(ただし、日本語で出力イメージを提供する場合、「日本語→英語」の翻訳作業にならないよう、YouCanSpeak では反応時間が重視されている。)

右頁の図は Speaking のメカニズムと、翻訳的練習のメカニズム、そして同時通訳のメカニズムを図に表したものだが、YouCanSpeak の練習プロセスは、同時通訳のメカニズムを大幅に取り入れたものである。

慣れないうちは、「日本語」→「英語」への変換に時間がかかるが、慣れてくるとこの変換時間が徐々に短くなり、ついには瞬時に変換が行えるようになる。いわばネイティブのように英語がよどみなく口をついて出てくるようになることこそが、YouCanSpeak メソッドの目標と言える。

第1章　YouCanSpeak メソッドの特長

<入力・出力メカニズム>

Speaking のメカニズム

(思い・イメージ) ⇒ 瞬時の英語音声化

翻訳的練習

(思い・イメージ) ⇒ 日本語表現 ⇒ 英語への翻訳 ⇒ 英語音声化

＊「意味・思い・イメージ」と「英語音声化」が直結していないのでスピーキングの習得にはならない。

同時通訳（日→英）& **YouCanSpeak** のプロセス

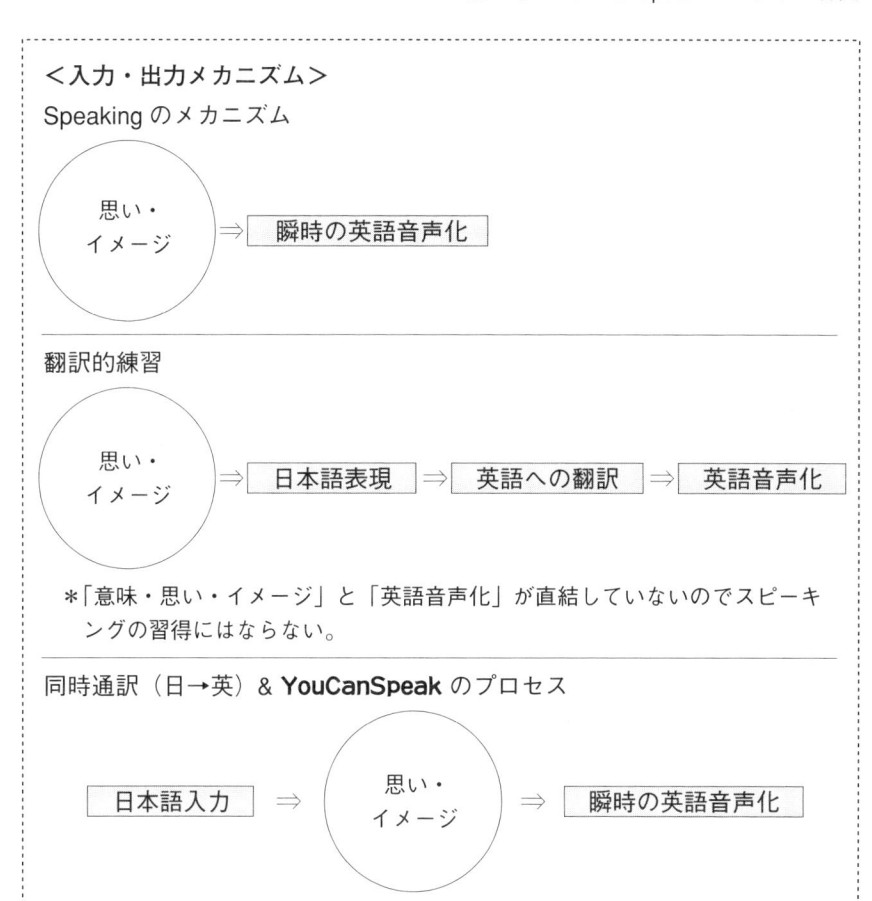

日本語入力 ⇒ (思い・イメージ) ⇒ 瞬時の英語音声化

＊秒数設定により、「翻訳的練習」を回避できる。

4 英文を作り出す方法

　Speaking は Hearing と違って、自分で英文を作り出す必要がある。しかも瞬時に。英文を自由自在に作り出すためには、英語の基本要素が頭の中にインプットされていて、それらを自由自在に組み合わせることができる応用力が必要となってくる。従来の目的型英会話は、どうしても断片的な習得になり、必要な基本要素が脳に蓄積されにくい。基本要素が蓄積されていなければ、応用力を身につけることもできない。**YouCanSpeak** は Speaking に必要な基本要素を、意味として脳に刻み込むように考案されている。

● 英語の全発想領域をカバーする要素

　前にも紹介したが、英語の発想に必要な要素は、

> (1) **文型**（英語には 5 文型があると言われているが、あまりにもおおざっぱな分類なので、**YouCanSpeak** では 31 種類に細分化されている）
> (2) **動詞の使い方**（時制や助動詞の使い方などを含む 45 の要素）
> (3) **形容詞・副詞・名詞**（種類と組み合わせを含む 51 の分類）
> (4) **文の名詞化**（35 種類）と**文の副詞化**（13 種類）

である。どれほど細かく分類するかにより、その数は異なるが、**YouCanSpeak** ではこれらの合計 175 要素を、「英語の基本要素」としている。

　これらの要素の中で英文を作り出すために一番大切な要素が、文の名詞化（35 種類）と文の副詞化（13 種類）で、それらの代入練習が **YouCanSpeak** の最大の特長になっている。

　「名詞化」「副詞化」「代入」こそが、難しいと思われていた英語を、いとも簡単に作り出すツールとなる。これらのプロセスが自由自在にできるようになれば、パッチワーク英語から解放され、思ったことが何でも英語で言えるようになる。

● 英語の単純構造

　たった今英語の文型は 31 種類あると言ったばかりだが、実は英語の構造はもっと単純で、「名詞」と「動詞」の 2 大要素で成り立っている。「名詞＋動詞」に「名詞」が加えられるか、あるいは「副詞」が付くかだけの単純な構造である。そしてこれらの単純な英文を名詞化、あるいは副詞化して、別の英文の名詞あるいは副詞と入れ替えると、ありとあらゆる英文を作り出すことが可

> (1) 英文の基本構造
>   名詞＋動詞（＋名詞）
> (2) バリエーション 1
>   名詞＋動詞（＋名詞）＋副詞
>   ＊副詞は、動詞を説明することば。
> (3) バリエーション 2
>   名詞＋動詞＋（名詞）＋<u>前置詞＋名詞</u>
>   ＊「前置詞＋名詞」全体が副詞の働きをする。

何でも言えるようになる 4 つのステップ

　YouCanSpeak の最大の特長は、4 つのステップを踏むことにより、どんな英文でも作り出すことができるようになるシステムである。4 つのステップは、以下のとおりである。

ステップ **1**
　単純英文を言えるようにする。**YouCanSpeak** ではこれらの英文を「**基本**」と呼んでいる。（これらの英文の中に、全発想領域をカバーする基本要素が、いろいろな組み合わせで織り込まれている）
↓
ステップ **2**
　「基本」英文の名詞化表現、副詞化表現を言えるようにする。**YouCanSpeak** ではこれらを「**変化**」と呼んでいる。（名詞化は 35 種類、副詞化は 13 種類、合計 48 種類）
↓
ステップ **3**
　「変化」の代入先となる単純英文を言えるようにする。代入の対象となる名詞あるいは副詞が色分けにより明確化されている。**YouCanSpeak** ではこれら代入先の英文を「**代入**」と呼んでいる。（これらの英文の中にも、全発想領域をカバーする基本要素が、いろいろな組み合わせで織り込まれている）
↓
ステップ **4**
　「代入」英文の名詞あるいは副詞の部分に、「変化」で名詞化あるいは副詞化された表現を代入し、深みがあり、コミュニケーション価値の高い英文を言う

練習をする。**YouCanSpeak** では、代入されたあとの英文を「**合成**」と呼んでいる。(35種類の名詞化表現と、13種類の副詞化表現の代入練習により、ありとあらゆる英文を作り出すことができるようになる)

● 代入の図式

上記の4つのステップを図式で示すと次のようになる。

(例1)

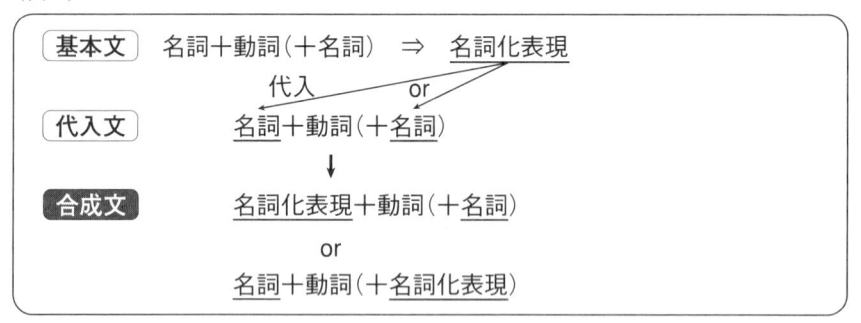

```
[基本文]  名詞＋動詞(＋名詞)  ⇒  名詞化表現
              代入     or
[代入文]  名詞＋動詞(＋名詞)
              ↓
[合成文]  名詞化表現＋動詞(＋名詞)
              or
         名詞＋動詞(＋名詞化表現)
```

(例2)

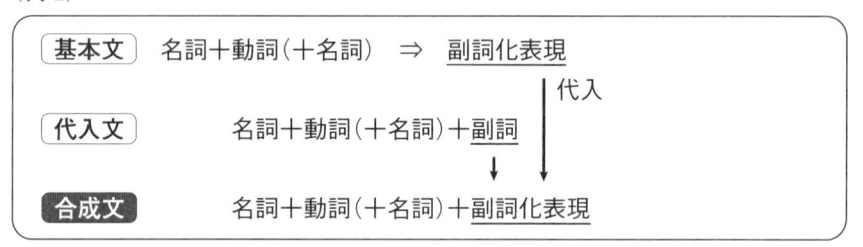

```
[基本文]  名詞＋動詞(＋名詞)  ⇒  副詞化表現
                                   ↓代入
[代入文]  名詞＋動詞(＋名詞)＋副詞
                           ↓
[合成文]  名詞＋動詞(＋名詞)＋副詞化表現
```

(例3)

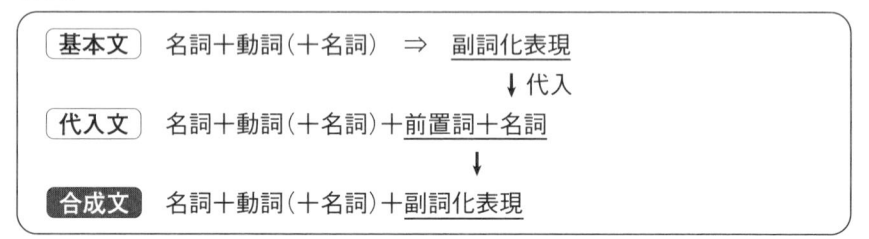

```
[基本文]  名詞＋動詞(＋名詞)  ⇒  副詞化表現
                                 ↓代入
[代入文]  名詞＋動詞(＋名詞)＋前置詞＋名詞
                        ↓
[合成文]  名詞＋動詞(＋名詞)＋副詞化表現
```

● 名詞化・副詞化による代入の実例

以下の2つの英語表現のどちらがやさしいだろうか？

① My grandfather built the house.（祖父がその家を建てました）
② **the house my grandfather built**（祖父が建てた家）

従来の英語の学習では、②のほうが高度で難しいと思われている。なぜならそこには省略されてはいるものの関係代名詞があり、また先行詞はどれかというような話が出てくるからである。だが、英語も日本語も意味そのものはどちらもやさしく、どちらかが言えてどちらかが言えないということはあり得ない。

　これらのやさしい2つの表現の違いは、「①は文章」で、「②は①が名詞化されたもの」ということである。

　名詞化された表現は、それ全体が名詞なので、他の英文の名詞と置き換えることができる。例えば、

　This is **a table**.（これはテーブルです）

という英文の **a table** は名詞なので、**a table** を **the house my grandfather built** に置き換え、

　This is **the house my grandfather built**.（これは祖父が建てた家です）

という文章を作り出すことができる。

　同じように、どんな英文でも副詞化することができ、他の英文の副詞部分に代入することができる。

● 意味がやさしければ英語はやさしい

　長い文章が難しいという考えは、文法用語に束縛されているためである。

　The store is flourishing.（その店は繁盛しています）

という英語と、

　That's the store where I bought this cute little watch for my father.

　（あれが私が父のためにこのかわいらしい小さな時計を買った店です）

という2つの英語の難易度は同じであると私が言ったら、ほとんどの日本人は信じないだろう。

　では、次の日本文の意味は、難しいだろうか？　それともやさしいだろうか？　もしあなたが日本人であるなら、すなわち日本語が母国語であるなら、5つともやさしいはずである。それらを聞いても意味がわからなかったり、あるいはそのような類の日本語は言えないという日本人はいないはずである。

(1) あなたが引いた線はまっすぐではありません。
(2) 彼の息子が受け継いだビジネスはうまくいっています。
(3) あなたは忍耐深いことにより勝利するでしょう。
(4) 彼が何を勉強するのかが大きな関心事となっています。
(5) 私は本当にだれを信頼すべきかわかりません。

では次に、上記の日本語を英語で言ってみよう。おそらくやさしかった日本

語が、急に難しい表現に変わってしまったことだろう。

　実は上のような例文は、**YouCanSpeak** ではレベル1に分類されるもので、いとも簡単に英語で言えるように仕組まれている。日本語でやさしければ、英語でもやさしいからだ。「意味がやさしければ英語はやさしい」という発想が **YouCanSpeak** メソッドの鉄則である。

　レベル4まで進むと、「私たちがそのような前代未聞の不況の中で、どれだけタフであるいは楽観的でいられるかが、子どもたちの未来を決定づけることでしょう」のような英文もスラスラ言えるようになる。

● YouCanSpeak の 4 つのステップ

　YouCanSpeak では、4つの英文をセットで学ぶことにより、最初からコミュニケーション価値が高い、しかしながら複雑で難しいと誤解されていた英語が言えるようになる。4つのステップを具体的に示すと次のようになる。

（名詞化の例）

```
 基本 ： My grandfather built the house.
        （祖父がその家を建てました）
 変化 ： the house my grandfather built　　（祖父が建てた家）
 代入 ： This is a table.　　（これはテーブルです）
 合成 ： This is the house my grandfather built.
        （これは祖父が建てた家です）
```

（副詞化の例）

```
 基本 ： We study English.　　（私たちは英語を勉強します）
 変化 ： to study English　　（英語を勉強するために）
 代入 ： Makoto went to America last year.　（誠は去年アメリカへ行った）
 合成 ： Makoto went to America to study English.
        （誠は英語を勉強するためにアメリカへ行きました）
```

● 副詞化の代入の注意点

　YouCanSpeak は、名詞化・副詞化とその代入練習がその特長となっているが、副詞化の代入の場合、必ずしも置き換えをするのではなく、元の副詞をそのまま残すこともできる。これを、上の例で説明すると以下のとおりになる。

> 基本 ： We study English.　　　　　（私たちは英語を勉強します）
> 変化 ： **to study English**　　　　　（英語を勉強するために）
> 代入 ： Makoto went to America **last year**.（誠は去年アメリカへ行った）
> 合成 ： Makoto went to America **last year to study English**.
> 　　　　（誠は去年英語を勉強するためにアメリカへ行きました）

　ただし、**YouCanSpeak** の Exercise では、副詞化と代入の基礎要素を頭の中にしっかりインプットするため、副詞化と副詞の入れ替え練習となっている。

● イメージの瞬間的音声化の練習

　同じ能動的能力でも、Writing と Speaking では、二つの明確な相違がある。一つは言うまでもなく、文字で表現するかあるいは音声で表現するかである。Speaking が音声表現である以上、発音、イントネーション、リズムなども重要要素となる。

　Writing と Speaking のもう一つの顕著な違いは、「瞬時」という要素が含まれるかどうかである。Writing の場合、ゆっくり考えることができるし、何度でも書き直すこともできる。しかし Speaking の場合は、「思ったことを瞬時に音声化する」必要がある。人と会話をするとき、いちいち考え込んでいては会話にならないからだ。頭をたたかれた人が、だいぶ時間が経過したあとに「痛い！」と叫べば、喜劇になってしまう。

　このように、「瞬時」という要素は、Speaking の練習に欠かすことができない。このため、**YouCanSpeak** では、「意味の音声化練習」に反応時間を設けている。

文の名詞化・副詞化とは

YouCanSpeak の一番の特徴が、文の名詞化・副詞化、そしてそれらの代入だが、ここで文の名詞化と文の副詞化の意味をはっきりさせておこう。

1 文の名詞化

名詞は「てにをは」が付くことばと思っていただければよい。たとえば「私は秘密を知っています」という文の場合、「私」には「は」が付き、「秘密」には「を」が付くので、そのどちらも名詞と理解することができる。

これを英語で言うと "I know the secret." であるが、日本語と同じように "I" と "the secret" は名詞である（厳密には I は「代名詞」と呼ばれるが、語の働きは名詞と変わらない）。英語の場合は「てにをは」が付かないので判別の仕方が少し異なるが、使われている単語が動詞 "know" の主体か客体であれば、それが名詞であることがわかる。また in、on、with などのあとに使われる単語も名詞である。

(1)「私は秘密を知っています」
(2)「私は彼女が来たことを知っています」

上の2つの日本語表現は、前者は「秘密」という単語が使われ、後者は「彼女が来たこと」という表現が使われている以外は、まったく同じ構造となっている。

ということは、「秘密」が名詞であるなら、「彼女が来たこと」も当然名詞である。しかし「彼女が来たこと」という表現は、元々「彼女は来ました」という文が変化したものなので、「彼女が来たこと」は「彼女は来ました」の名詞化であると言うことができる。

(3) "I know the secret."
(4) "I know that she came."

上の2つの英語表現は、前者は "the secret" という単語が使われ、後者は "that she came" という表現が使われている以外は、まったく同じ構造である。ということは、"the secret" が名詞であるなら、"that she came" も名詞であると言えるが、"that she came" という表現は、もともと "She came." という文が

変化したものなので、"that she came" も "She came." の名詞化であると言える。

文章を名詞化させることができれば、それを他の英文の名詞と置き換えることができるので、今まで複雑と思われていた英文を簡単に言えるようになる。

● 名詞化と代入の実例

次に名詞化と代入について説明しておこう。これは本書のトレーニングで使用している用語なので、よく理解してもらいたい。

---
① 彼女は来ました。
　　　↓（名詞化）
② **彼女が来たこと**
③ 私は　　秘密　　を知っています。
　　　↓↑（入れ替え可能）
④ 私は**彼女が来たこと**を知っています。

まず、「…は〜した」という文を「〜すること」という形の文に直してみよう（②の文）。これを本書では名詞化と呼んでいる。次に、まったく異なった文構造を持つ日本語③にその名詞化でできた言葉を当てはめてみよう（④の文）。これを本書では「合成」と呼んでいる。この名詞化と代入は、日本語はもちろんだが、英語にも利用することができる。

この手法は、どのような種類の英文でも楽に言えるようになる方法として私が独自に考案したもので、この日本語を英語に置き換えれば以下のようになる。

---
① 基本　　She came.
　　　　　　↓（名詞化）
② 変化　　that she came
③ 代入　　I know the secret.
　　　　　　↓↑（入れ替え可能）
④ 合成　　I know **that she came**.

さて、英文の名詞化は動名詞、不定詞、名詞句などとも呼ばれている。本書で取り上げている英文の名詞化には以下の35パターンがある。この名詞化パターンを練習すると、英語が面白いほどラクに話せるようになるので、ぜひとも習熟してもらいたい。（＊名詞化部分は太字で表現）

【名詞化 35 パターン】

(1) I wash the car.　　　　　　　　　私はその車を洗います。
　　↓【名詞化-01】（動名詞句）
washing the car　　　　　　　　車を洗うこと

(2) He is a teacher.　　　　　　　　彼は先生です。
　　↓【名詞化-02】（動名詞句）
being a teacher　　　　　　　　先生であること／になること

(3) We love one another.　　　　　　我々は互いに愛し合います。
　　↓【名詞化-03】（不定詞句）
to love one another　　　　　　互いに愛し合うこと

(4) He is patient.　　　　　　　　　彼は忍耐強いです。
　　↓【名詞化-04】（不定詞句）
to be patient　　　　　　　　　忍耐強くあること／なること

(5) The book is on the table.　　　　その本はテーブルの上にあります。
　　↓【名詞化-05】（名詞＋前置詞句）
the book on the table　　　　　テーブルの上にある本

(6) She speaks the language.　　　　彼女はその言語を話します。
　　↓【名詞化-06】（名詞＋関係詞節）
the language she speaks　　　　彼女が話す言語

(7) He reads the English magazine.　彼は英語の雑誌を読みます。
　　↓【名詞化-07】（名詞＋不定詞）
the English magazine to read　読むべき英語の雑誌

(8) I talked with the lady.　　　　　私はその女性と話した。
　　↓【名詞化-08】（名詞＋関係詞節＋前置詞）
the lady I talked with　　　　　私が話した女性

(9) I cut with a knife.　　　　　　　私はナイフで切ります。
　　↓【名詞化-09】（名詞＋不定詞＋前置詞）
a knife to cut with　　　　　　切るのに使うナイフ

● 第1章　YouCanSpeak メソッドの特長

(10)　The car was repaired.　　　　その車は修理されました。
　　　↓【名詞化-10】（名詞＋不定詞＋過去分詞）
　　　the car to be repaired
　　　　　　　　　　　　　　　修理されるべき／（しなければならない）車

(11)　Who do you meet?　　　　　あなたはだれに会いますか？
　　　↓【名詞化-11】）（疑問代名詞節）
　　　who you meet　　　　　　あなたがだれに会うのか

(12)　Who do you meet?　　　　　あなたはだれに会いますか？
　　　↓【名詞化-12】（疑問代名詞＋不定詞）
　　　who to meet　　　　　　　だれに会うべきか

(13)　Who do you talk to?　　　　あなたはだれと話しますか？
　　　↓【名詞化-13】（疑問代名詞節＋前置詞）
　　　who you talk to　　　　　あなたがだれと話すか

(14)　Who did she eat with?　　　彼女はだれと食べましたか？
　　　↓【名詞化-14】（疑問代名詞＋不定詞＋前置詞）
　　　who to eat with　　　　　だれと食べるか／食べるべきか

(15)　Why did she cry?　　　　　彼女はなぜ泣いたのですか？
　　　↓【名詞化-15】（疑問副詞節）
　　　why she cried　　　　　　彼女がなぜ泣いたか

(16)　How do you solve the problem?
　　　　　あなたはどのようにしてその問題を解決しますか？
　　　↓【名詞化-16】（疑問副詞＋不定詞）
　　　how to solve the problem
　　　　　　　　　　　　　　　どのようにしてその問題を解決すべきか

(17)　He did it in this way.　　　　彼はこの方法でそれをしました。
　　　↓【名詞化-17】（関係副詞節）
　　　the way he did it　　　　　彼がそれをした方法

(18)　How early do you wake up?　あなたはどれほど早く起きますか？
　　　↓【名詞化-18】（疑問副詞節）
　　　how early you wake up　　あなたがどれほど早く起きるか

-31-

(19) How early do you wake up?　　あなたはどれほど早く起きますか？
　　↓【名詞化-19】（疑問副詞＋不定詞）
　　how early to wake up　　どれほど早く起きるべきか

(20) The man is talking with the lady.
　　　　　　　　　　　　　　男性はその婦人と話をしています。
　　↓【名詞化-20】（名詞＋現在分詞）
　　the man talking with the lady　　その婦人と話をしている男性

(21) The scroll was found by the archaeologist.
　　　　　　　　　　　巻物はその考古学者によって発見されました。
　　↓【名詞化-21】（名詞＋過去分詞）
　　the scroll found by the archaeologist
　　　　　　　　　　　　　　その考古学者によって発見された巻物

(22) He speaks English.　　彼は英語を話します。
　　↓【名詞化-22】（名詞節）
　　(that) he speaks English　　彼が英語を話す（こと）

(23) I saw her.　　私は彼女を見ました。
　　↓【名詞化-23】（直接話法）
　　"I saw her"　　「私は彼女を見ました」と

(24) She likes natto.　　彼女は納豆が好きです。
　　↓【名詞化-24】（接続詞節）
　　if she likes natto (or not)　　彼女が納豆が好きかどうか

(25) What happened?　　何が起こりましたか？
　　↓【名詞化-25】（主格疑問代名詞節）
　　what happened　　何が起こったか

(26) What is this?　　これは何ですか？
　　↓【名詞化-26】（疑問代名詞節）
　　what this is　　これが何であるか

(27) Something happened this morning.　　けさ何かが起こりました。
　　↓【名詞化-27】（主格関係代名詞節）
　　what happened this morning　　けさ起こったこと

(28) I ordered this magazine. 　　私はこの雑誌を注文しました。
　　↓【名詞化-28】（目的格関係代名詞節）
　what I ordered 　　私が注文したもの

(29) They talk about something. 　　彼らは何かについて話します。
　　↓【名詞化-29】（関係代名詞節＋前置詞）
　what they talk about 　　彼らが話すこと（内容）

(30) What do you choose? 　　あなたは何を選びますか？
　　↓【名詞化-30】（目的格関係代名詞節）
　whatever you choose 　　あなたが選ぶものは何でも

(31) Who knows the answer? 　　だれがその答えを知っていますか？
　　↓【名詞化-31】（主格関係代名詞節）
　whoever knows the answer 　　その答えを知っている人はだれでも

(32) The boy speaks English. 　　その少年は英語を話します。
　　↓【名詞化-32】（名詞＋関係代名詞節）
　the boy who speaks English 　　英語を話す少年

(33) The teacher teaches this class.
　　　　　　　その先生はこのクラスを教えます。
　　↓【名詞化-33】（名詞＋不定詞）
　the teacher to teach this class
　　　　　　　このクラスを教えることになっている先生

(34) They eat beef every day. 　　彼らは毎日牛肉を食べます。
　　↓【名詞化-34】（関係代名詞節）
　those who eat beef every day 　　毎日牛肉を食べる人たち

(35) The girl's father died last week.
　　　　　　　その少女のお父さんは先週亡くなりました。
　　↓【名詞化-35】（所有格関係代名詞節）
　the girl whose father died last week
　　　　　　　お父さんが先週亡くなった少女

2 文の副詞化

　副詞とは動詞（動作・状態を表す言葉）に説明を加える単語で、目的、理由、原因、方法、状況、時、場所、条件、結果などの意味を付加するものである。そして名詞化同様、英文そのものを副詞化し、それを他の英文の副詞と置き換えることにより、今まで難しくて表現しづらかった英語が、簡単に言えるようになる。

● 副詞化と代入の実例

```
① 我々は一生懸命やります。
       ↓ （副詞化）
② 一生懸命やることにより
③ 我々は      まもなく      夢を実現させることができる。
                ↓↑
④ 我々は一生懸命やることにより夢を実現させることができる。
```

　これを英語に置き換えれば以下のようになる。

```
① We work hard.
       ↓ （副詞化）
② by working hard
③ We can realize our dream soon.
                ↓↑ （入れ替え可能）
④ We can realize our dream by working hard.
```

＊副詞の置き換えの場合、もともとあった副詞をそのまま残すこともできる。たとえば上の例の場合、

　We can realize our dream **by working hard**.
　→ We can realize our dream **soon by working hard**.

とすることもできる。
　さて、英文の副詞化は、名詞化同様、分詞句、不定詞句、副詞節などと呼ばれている。本書で取り上げている英文の副詞化には以下の13パターンがある。（＊副詞化部分は太字で表現）

第1章　YouCanSpeak メソッドの特長

【副詞化 13 パターン】

(1) We study English.　　　　　　　　私たちは英語を勉強します。
　　↓【副詞化-01】（不定詞句）
　　to study English　　　　　　　英語を勉強するために

(2) The boss reads the report.　　　　上司はそのレポートを読みます。
　　↓【副詞化-02】（前置詞+動名詞句）
　　without reading the report　　そのレポートを読まずに

(3) The boy was scolded by the teacher.　少年は先生に叱られた。
　　↓【副詞化-03】（疑問副詞+過去分詞句）
　　when scolded by the teacher　　先生に叱られたとき

(4) She ate breakfast.　　　　　　　　彼女は朝食を食べました。
　　↓【副詞化-04】（副詞節　―時・理由など―）
　　before she ate breakfast　　　彼女が朝食を食べる前

(5) All of them come.　　　　　　　　彼ら全員が来ます。
　　↓【副詞化-05】（副詞節　―条件など―）
　　if all of them come　　　　　もし彼ら全員が来るなら

(6) They were arguing about the issue.
　　　　　　　　　　　　彼らはその問題について議論していました。
　　↓【副詞化-06】（現在分詞句）
　　arguing about the issue
　　　　　　　　　　　　その問題について議論しながら／しているとき

(7) He was hit by a car.　　　　　　　彼は車にはねられました。
　　↓【副詞化-07】（過去分詞句）
　　hit by a car　　　　　　　　　車にはねられて／たので

(8) When do they visit Japan?　　　　　彼らはいつ日本を訪問しますか？
　　↓【副詞化-08】（副詞節）
　　whenever they visit Japan　　彼らが日本を訪問するときはいつでも

(9)	What did you see there?	あなたはそこで何を見ましたか？
	↓【副詞化-09】（目的格副詞節）	
	whatever you saw there	あなたがそこで何を見たとしても
(10)	Who knocks on the door?	だれがドアをたたきますか？
	↓【副詞化-10】（主格副詞節）	
	whoever knocks on the door	だれがドアをたたいても
(11)	How hard did he push it?	彼はそれをどれほど強く押しましたか？
	↓【副詞化-11】（副詞節）	
	however hard he pushed it	彼がそれをどれほど強く押しても
(12)	She speaks faster.	彼女はもっと速く話します。
	↓【副詞化-12】（副詞節　—比較級を用いた節）	
	the faster she speaks	彼女が速く話せば話すほど
(13)	She came.	彼女は来ました。
	↓【副詞化-13】（副詞節）	
	that she came	彼女が来たので

【名詞化と副詞化のトレーニング】

　それでは、これから、名詞化と副詞化のトレーニングをしていただくが、手順は次のとおりである。
　① 基本 彼女は来ました。　→　She came.
　② 変化 彼女が来たこと　→　that she came
　③ 代入 私は秘密を知っている。　→　I know the secret.
　④ 合成 私は彼女が来たことを知っている。　→　I know that she came.

① まず、基本 で取り上げている基本文を英語に直し（**She came.**）、続いて、変化 で、それを上で紹介した不定詞や動名詞、あるいは接続詞や疑問詞を使った句・節構造の文に直す作業をする（**that she came**）。

② 続いて 代入 で取り上げている文を英語に直し（**I know the secret.**）、最後に 合成 で、その代入文の名詞・名詞句（**the secret**）を 変化 で作った語句（**that she came**）をその名詞・名詞句に入れて全体を完成させる（**I know that she came.**）。この作業でのポイントは 代入 である。初めはやや煩雑に思えるかもしれないが、慣れてくるとこの変換がスムーズにできるようになる。

第2章

YouCanSpeak
実践トレーニング

Exerciseのガイドライン

　Exercise は YouCanSpeak の実践練習になっている。この練習なしでは YouCanSpeak メソッドは空論に終わってしまうので、確実に英語で言えるようになるまで、練習を繰り返していただきたい。

　YouCanSpeak は「意味⇒音声化」の練習である。「意味」すなわち「頭の中にある思い」を提供する方法として日本語が使われているが、これは「日本語から英語への翻訳」の練習ではない。「意味⇒音声化」と「日本語から英語への翻訳」は、外見は似ているが、中身はまったく異なる。YouCanSpeak の Exercise が「日本語から英語への翻訳」練習にならないために、時間の制限が重要な要素となってくる。

● 秒数設定の意味

　YouCanSpeak の Exercise は、4つの英文が1つのセットになっているが（基本・変化・代入・合成）、各 Exercise に「無制限」という文字と4つの異なる数字が以下のように示されている。

【名詞化-01】無制限／38秒（7）／30秒（5）／22秒（3）／14秒（1）

　表示されている数字はすべて秒数を表しているが、(7)(5)(3)(1)のように（　）の中に示されている数字は、日本語を見てその意味を捕らえてから英語を言い出すまでの反応時間を示している。反応時間は、「これを英語でどう表現したらよいか」と考える時間のことである。そして（　）の左側に書かれている数字は、4つの英文のすべてを指定反応時間以内に言えたときの合計秒数を示している。

　たとえば 38秒(7) と示されている場合、4つの英文のすべてを 38秒以内に言い終わることができれば、各英文を平均7秒以内の反応時間で言えたことを意味する。

　最初は秒数を気にしないで、与えられた意味を英語でスラスラ言えるように練習してみよう。そしてうまく言えるようになったら「無制限」を丸で囲み、次に4つの英文すべてを何秒で言えるかの練習をしていただきたい。秒数を計るときは、ストップウォッチがあると便利だろう。7秒反応、5秒反応、3秒反応そして1秒反応へと進んで行くことができるようになっている。

　指定秒数内に言えるようになったら、同じようにその秒数を丸で囲んでみる。1秒反応まで進むと、「思ったことを瞬間的英語で言える」というレベルに到

達する。これは「日本語⇒英語」通訳に必要な能力の一部を身につけたことを意味する。

（なお、**http://www.youcanspeak.net/** では、秒数設定が自動化）

● 4つの英文はセットで練習

YouCanSpeak は、4つの英文をセットで練習しないと習得効果が半減するので、必ず次の順序で練習してみよう。

1. 基本　基本英文を言えるようにする。
2. 変化　基本英文の名詞化あるいは副詞化表現を言えるようにする。
3. 代入　名詞化・副詞化された表現の代入先となる英文を言えるようにする。
4. 合成　代入文に名詞化・副詞化された表現が代入された英文を言えるようにする。

以上のような練習を繰り返すことにより、英語の基本要素が頭の中に蓄積されていき、今までなかなか言えなかったような英語が簡単に言えるようになる。

〈ヒント〉

日本語で与えられた意味を英語で言うためのヒントが示されている。単語やフレーズのヒント、あるいは基本文を名詞化・副詞化するためのヒントなどである。練習を重ねていくと、これらのヒントは不要になっていく。

〈英文〉

各英文は、日本語表示の裏ページに示されている。英文のほうには矢印で、4つの英文の変化と代入の相関関係が示されている。なお、合成文が言えるようになったら、応用文も言えるようにしてみよう。

〈模範英語〉

この本に添付されているCDに模範英語が収録されているので、練習のたびに正しい発音を聞き、その発音・イントネーション・リズムをまねするようにしてみよう。

STEP 1 「名詞化」その1

1.【名詞化-01】
無制限 / 38秒(7) / 30秒(5) / 22秒(3) / 14秒(1)

- **基本** 彼らは早く起きます。①
- **変化** 早く起きること②
- **代入** それは健康によいです。③
- **合成** 早く起きることは健康によいです。

《ヒント》①「起きる」＝ get up または wake up
② この名詞化は、They を省き get に -ing を付け getting up に。
③「〜によい」＝ be good for 〜

2.【名詞化-02】
無制限 / 46秒(7) / 38秒(5) / 30秒(3) / 22秒(1)

- **基本** 誠は音楽家です。
- **変化** 音楽家であること①
- **代入** そのボランティア活動②はそんなに報いの多い③ものではありません。
- **合成** 音楽家であることは、そんなに報いの多いものではありません。

《ヒント》① この名詞化は Makoto を省き、is を being に。
②「ボランティア活動」＝ voluntary work
③「報いの多い」＝ rewarding

3.【名詞化-03】
無制限 / 40秒(7) / 32秒(5) / 24秒(3) / 16秒(1)

- **基本** 彼らはもっと速く話します。
- **変化** もっと速く話すこと①
- **代入** 名前はそんなに重要ではありません。②
- **合成** もっと速く話すことはそんなに重要ではありません。

《ヒント》① この名詞化は、They を省き、speak を to speak に。
②「そんなに〜では」＝ not so 〜

4.【名詞化-04】
無制限 / 38秒(7) / 30秒(5) / 33秒(3) / 14秒(1)

- **基本** 彼はよいリーダーです。①
- **変化** よいリーダーになること②
- **代入** その計画はやさしくありません。
- **合成** よいリーダーになることはやさしくありません。

《ヒント》①「です」は am、are、is の適切なものを使用。この場合は is。
② この名詞化は、He を省き、is を to be に。

STEP 1 「名詞化」その1

第2章　YouCanSpeak 実践トレーニング

1.【名詞化-01】

- 基本 ▷ They get up early.
- 変化 ▷ getting up early
- 代入 ▷ It is good for your health.
- 合成 ▶ **Getting up early** is good for your health.

応用(1) **Eating fruit** is good for your health.（果物を食べることは健康によいです）
応用(2) I like **playing basket ball**.（私はバスケットをやるのが好きです）

2.【名詞化-02】

- 基本 ▷ Makoto is a musician.
- 変化 ▷ being a musician
- 代入 ▷ The voluntary work is not so rewarding.
- 合成 ▶ **Being a musician** is not so rewarding.

応用(1) **Being silent** is not so good.（無口でいることはあまりよくありません）
応用(2) I hate **being alone**.（私は1人でいることが大嫌いです）

3.【名詞化-03】

- 基本 ▷ They speak faster.
- 変化 ▷ to speak faster
- 代入 ▷ The name is not so important.
- 合成 ▶ **To speak faster** is not so important.

応用(1) I love **to eat Japanese food**.（私は日本食を食べるのが大好きです）
応用(2) **To buy that house now** is not so clever.
（今あの家を買うことは、そんなに賢明ではありません）

4.【名詞化-04】

- 基本 ▷ He is a good leader.
- 変化 ▷ to be a good leader
- 代入 ▷ The plan is not easy.
- 合成 ▶ **To be a good leader** is not easy.

応用(1) Her dream is **to become his wife**.（彼女の夢は彼の奥さんになることです）
応用(2) **To be sensitive** is crucial.（敏感であることがきわめて大切です）

－41－

5.【名詞化-05】

無制限 / 44秒(7) / 36秒(5) / 28秒(3) / 20秒(1)

- **基本** その男性はニューヨーク出身です。①
- **変化** ニューヨーク出身の男性 ②
- **代入** 私の友達は天才です。③
- **合成** ニューヨーク出身の男性は天才です。

《ヒント》① 「〜出身です」= be from 〜。come from 〜も同じ意味。
② この名詞化は、be 動詞を省くだけ。
③ 「天才」= genius

6.【名詞化-06】

無制限 / 38秒(7) / 30秒(5) / 22秒(3) / 14秒(1)

- **基本** あなたは線を引きました。①
- **変化** あなたが引いた線 ②
- **代入** その通りはまっすぐではありません。③
- **合成** あなたが引いた線はまっすぐではありません。

《ヒント》① 「引く」= draw
② この名詞化は You drew と the line の順序を逆にする。
③ 「まっすぐ」= straight

7.【名詞化-07】

無制限 / 38秒(7) / 30秒(5) / 22秒(3) / 14秒(1)

- **基本** 彼はその報告を読みます。①
- **変化** 読むべき報告 ②
- **代入** その手紙は箱の中にあります。
- **合成** 読むべき報告は箱の中にあります。

《ヒント》① read に -s が付く場合と付かない場合に注意。
② この名詞化は、He を省き、report と read の順序を逆にし、read の前に to を付けて to read とする。

8.【名詞化-08】

無制限 / 46秒(7) / 38秒(5) / 30秒(3) / 22秒(1)

- **基本** 彼らはその川で泳ぎます。
- **変化** 彼らが泳ぐ川 ①
- **代入** 私たちはこの建物は安全な場所であると考えます。②③
- **合成** 私たちは彼らが泳ぐ川は安全な場所であると考えます。

《ヒント》① この名詞化の場合、the river を先頭に置く。swim in 〜 の in を省いてはいけない。
② 「…を〜と考える」= consider ... as 〜
③ 「安全な場所」= a safe place

5.【名詞化-05】

- 基本 ▶ The gentleman is from New York.
- 変化 ▶ the gentleman from New York
- 代入 ▶ My friend is a genius.
- 合成 ▶ The gentleman from New York is a genius.

応用(1) **The boat on the lake** is mine.（湖に浮いている船は私のものです）
応用(2) My father bought **the house at the corner**.（父は角にある家を買いました）

6.【名詞化-06】

- 基本 ▶ You drew the line.
- 変化 ▶ the line you drew
- 代入 ▶ The street isn't straight.
- 合成 ▶ The line you drew isn't straight.

応用(1) **The gentleman we met** came from Hong Kong.
　　　（私たちが会った男性は、香港から来ました）
応用(2) Tell me about **the movie you saw**.
　　　（あなたが見た映画について私たちに話してください）

7.【名詞化-07】

- 基本 ▶ He reads the report.
- 変化 ▶ the report to read
- 代入 ▶ The letter is in the box.
- 合成 ▶ The report to read is in the box.

応用(1) This is **the question to answer**.（これが答えるべき質問です）
応用(2) Where is **the wall to paint**?（ペンキを塗るべき壁はどこですか？）

8.【名詞化-08】

- 基本 ▶ They swim in the river.
- 変化 ▶ the river they swim in
- 代入 ▶ We consider this building as a safe place.
- 合成 ▶ We consider the river they swim in as a safe place.

応用(1) Is Mary **the person we wait for**?（私たちが待つべき人物はメアリーですか？）
応用(2) India is **the country the IT engineer came from**.
　　　（インドがその IT 技師の出身国です）

9.【名詞化-09】

無制限 / 38秒(7) / 30秒(5) / 22秒(3) / 14秒(1)

- **基本**　私は技師を探しました。①
- **変化**　探すべき技師 ②
- **代入**　ボブは私の友人です。
- **合成**　ボブは探すべき技師です。

《ヒント》①「〜を探す」= look for 〜
②この名詞化は、I を省き、an engineer を文頭に置く。look for の for を省いてはいけない。

10.【名詞化-10】

無制限 / 46秒(7) / 38秒(5) / 30秒(3) / 22秒(1)

- **基本**　その日は忘れられることはありませんでした。①
- **変化**　忘れられてはいけない日 ②
- **代入**　その写真は私に父を思い出させました。③
- **合成**　その写真は私に忘れられてはいけない日を思い出させました。

《ヒント》①「忘れられる」= be forgotten
②この名詞化は、was not を not to be に。
③「〜に…を思い出させる」= remind 〜 of ...

11.【名詞化-11】

無制限 / 38秒(7) / 30秒(5) / 22秒(3) / 14秒(1)

- **基本**　あなたはどちらを選びますか？
- **変化**　あなたがどちらを選ぶか ①
- **代入**　それはそんなに問題ではありません。②
- **合成**　あなたがどちらを選ぶかはそんなに問題ではありません。

《ヒント》①この名詞化は、疑問文を作るための do［does/did］を省くだけ。does を省くときは動詞に −s を付け、did のときは動詞を過去形に戻す。
②「問題となる」= matter

12.【名詞化-12】

無制限 / 38秒(7) / 30秒(5) / 22秒(3) / 14秒(1)

- **基本**　彼はだれを信頼していますか？①
- **変化**　だれを信頼すべきか ②
- **代入**　私は本当に彼女の年齢がわかりません。
- **合成**　私は本当にだれを信頼すべきかがわかりません。

《ヒント》①「だれを」= 本来は whom だが、習慣的に who を使用。
②この名詞化は、疑問文を作るための does と he を省き、trust の前に to を付けて to trust とする。

第 2 章 YouCanSpeak 実践トレーニング

9. 【名詞化-09】

- 基本　I looked for an engineer.
- 変化　an engineer to look for
- 代入　Bob is my friend.
- 合成　Bob is an engineer to look for.

応用(1) Cancer is **the disease to fight against**. （癌は闘うべき病です）
応用(2) Isn't Nagoya **the town to stop over**?
（名古屋は立ち寄るべき町ではないのですか？）

10. 【名詞化-10】

- 基本　The date was not forgotten.
- 変化　the date not to be forgotten
- 代入　The picture reminded me of my father.
- 合成　The picture reminded me of **the date not to be forgotten**.

応用(1) **The box to be emptied** is still in this room.
（空にされるべき箱がまだこの部屋にあります）
応用(2) This is **the treasure not to be touched by anyone**.
（これがだれにも触れられてはいけない宝物です）

11. 【名詞化-11】

- 基本　Which do you choose?
- 変化　which you choose
- 代入　It doesn't matter so much.
- 合成　**Which you choose** doesn't matter so much.

応用(1) I don't know **what she studies**. （私は彼女が何を勉強するのか知りません）
応用(2) Please tell me **who my boss met**.
（上司がだれに会ったのかをどうか私に教えてください）

12. 【名詞化-12】

- 基本　Who does he trust?
- 変化　who to trust
- 代入　I really don't know her age.
- 合成　I really don't know **who to trust**.

応用　My wife didn't tell me **what to buy**
（家内は私に何を買うべきかを教えてくれませんでした）

-45-

13.【名詞化-13】

無制限 / 38 秒(7) / 30 秒(5) / 22 秒(3) / 14 秒(1)

- 基本 > あなたはだれと話しましたか？①
- 変化 > あなたがだれと話したか②
- 代入 > 私はあなたの計画を知っていました。
- 合成 > 私はあなたがだれと話したかを知っていました。

《ヒント》①「〜と話す」= talk to 〜（cf.「〜と話し合う」= talk with 〜）
　　　　②この名詞化は、did を省き、talk を talked に戻す。talk to 〜の to を省かないように注意。

14.【名詞化-14】

無制限 / 42 秒(7) / 34 秒(5) / 26 秒(3) / 18 秒(1)

- 基本 > 彼らはご飯を何で食べますか？①
- 変化 > ご飯を何で食べるか②
- 代入 > 時間はそんなに重要ではありません。
- 合成 > ご飯を何で食べるかはそんなに重要ではありません。

《ヒント》① eat with 〜「〜で食べる」の〜の部分が先頭に来ても with は残る。
　　　　②この名詞化は、do と they を省き、eat に to を加え、to eat とする。この場合も with を省いてはいけない。

15.【名詞化-15】

無制限 / 38 秒(7) / 30 秒(5) / 22 秒(3) / 14 秒(1)

- 基本 > その子はどんな具合ですか？①
- 変化 > その子がどんな具合か②
- 代入 > それを尋ねたほうがいいですよ。③
- 合成 > その子がどんな具合かを尋ねたほうがいいですよ。

《ヒント》① How + be 動詞で始める。
　　　　②この名詞化は、is と the child の順序が逆転。
　　　　③「〜したほうがよい」= had better 〜

16.【名詞化-16】

無制限 / 38 秒(7) / 30 秒(5) / 22 秒(3) / 14 秒(1)

- 基本 > あなたはその機械をどのように直しますか？①
- 変化 > その機械をどのように直すか②
- 代入 > 彼は私にそのニュースを教えてくれました。③
- 合成 > 彼は私にその機械をどのように直すかを教えてくれました。

《ヒント》①「直す」= fix
　　　　②この名詞化は、do と you を省き、fix を to fix にする。
　　　　③「〜に教える」= tell

13.【名詞化-13】

- 基本 > Who did you talk to?
- 変化 > who you talked to
- 代入 > I knew **your plan**.
- 合成 > I knew **who you talked to**.

応用(1) **What she is waiting for** may solve the problem.
（彼女が待ち続けているものが、その問題を解決するかもしれません）
応用(2) Do you know **what you stand on**?（あなたは何の上に立っているかわかりますか？）

14.【名詞化-14】

- 基本 > What do they eat rice with?
- 変化 > what to eat rice with
- 代入 > **The time** is not so important.
- 合成 > **What to eat rice with** is not so important.

応用 **Who to learn English from** makes a big difference.
（だれから英語を習うかが大きな違いをもたらします）

15.【名詞化-15】

- 基本 > How is the child?
- 変化 > how the child is
- 代入 > You had better ask **it**.
- 合成 > You had better ask **how the child is**.

応用(1) This is **how he talks**.（これが彼の話し方です）
応用(2) Do you remember **where the house is**?
（その家がどこにあるのか覚えていますか？）

16.【名詞化-16】

- 基本 > How do you fix the machine?
- 変化 > how to fix the machine
- 代入 > He told me **the news**.
- 合成 > He told me **how to fix the machine**.

応用(1) I will tell you **where to find him**.（彼をどこで見つけられるかを教えてあげましょう）
応用(2) **When to start it** is not certain.（いつそれを始めるべきかは確かではありません）

17.【名詞化-17】
無制限 / 44 秒(7) / 36 秒(5) / 28 秒(3) / 20 秒(1)

- 基本 ▶ あなたはその日に彼に会いました。①
- 変化 ▶ あなたが彼に会った日②
- 代入 ▶ それは母の誕生日でした。
- 合成 ▶ あなたが彼に会った日は母の誕生日でした。

《ヒント》①「会った」= met /「会う」= meet
② この名詞化は、the day を先頭に置く。the day when とする場合もある。次に you と on ～の on を省く。

18.【名詞化-18】
無制限 / 38 秒(7) / 30 秒(5) / 22 秒(3) / 14 秒(1)

- 基本 ▶ その垣根はどれくらいの高さがありますか？①
- 変化 ▶ その垣根がどれくらいの高さがあるか②
- 代入 ▶ その高さを推測できますか？③
- 合成 ▶ その垣根がどれくらいの高さがあるかを推測できますか？

《ヒント》① How high + be 動詞で開始。
② この名詞化は、is ～を～ is の順序に逆転。
③「推測する」= guess

19.【名詞化-19】
無制限 / 42 秒(7) / 34 秒(5) / 26 秒(3) / 18 秒(1)

- 基本 ▶ あなたは英語をどれくらい速く話しますか？①
- 変化 ▶ 英語をどれくらい速く話すべきか②
- 代入 ▶ それはそんなに大切ではありません。
- 合成 ▶ 英語をどれくらい速く話すべきかはそんなに大切ではありません。③

《ヒント》① How fast do / does / did で開始。
② この名詞化は、do / does / did を省き speak を to speak に。
③「そんなに大切」= that important / so important でもよい。

20.【名詞化-20】
無制限 / 44 秒(7) / 36 秒(5) / 28 秒(3) / 20 秒(1)

- 基本 ▶ その花は見た目によかったです。①
- 変化 ▶ 見た目によい花②
- 代入 ▶ その音楽は治療のためです。③
- 合成 ▶ 見た目によい花は治療のためです。

《ヒント》①「見た目によい」= pleasing to the eye
② この名詞化は be、この文の場合は was を省くだけ。
③「治療のため」= for therapy

17. 【名詞化-17】

- **基本** You met him on that day.
- **変化** the day (when) you met him
- **代入** It was my mother's birthday.
- **合成** **The day (when) you met him** was my mother's birthday.

応用　This is **the place (where) they found the body**.
（ここが彼らがその遺体を発見した場所です）

18. 【名詞化-18】

- **基本** How high is the fence?
- **変化** how high the fence is
- **代入** Can you guess **the height**?
- **合成** Can you guess **how high the fence is**?

応用　You should know **how tough the job is**.
（あなたはその仕事がどれほどきついかを知るべきです）

19. 【名詞化-19】

- **基本** How fast do you speak English?
- **変化** how fast to speak English
- **代入** It is not that important.
- **合成** **How fast to speak English** is not that important.

応用　**How willingly to accept the offer** affects your future.
（その提案をどれほど気持ちよく受け入れるかが、あなたの将来に影響を与えます）

20. 【名詞化-20】

- **基本** The flower was pleasing to the eye.
- **変化** the flower pleasing to the eye
- **代入** The music is for therapy.
- **合成** **The flower pleasing to the eye** is for therapy.

応用(1)　**The girl playing in the park** is my granddaughter.
（公園で遊んでいる女の子が私の孫娘です）

応用(2)　Ignore **the man begging for money**. （お金をねだっている人を無視しなさい）

21.【名詞化-21】

無制限 / 48 秒(7) / 40 秒(5) / 32 秒(3) / 26 秒(1)

- **基本** 私たちの娘は1975年に生まれました。①
- **変化** 1975年に生まれた私たちの娘②
- **代入** 私たちは世界中を旅行し続けました。③
- **合成** 1975年に生まれた私たちの娘は世界中を旅行し続けました。

《ヒント》①「生まれる」= be born / ここでは was born
　　　　②この名詞化は be、ここでは was を省くだけ。
　　　　③「旅行し続ける」= keep traveling / ここでは kept traveling

22.【名詞化-22】

無制限 / 40 秒(7) / 32 秒(5) / 24 秒(3) / 16 秒(1)

- **基本** ピーターは疲れているように見えます。①
- **変化** ピーターが疲れているように見えること②
- **代入** 私のことばを覚えておきなさい。③
- **合成** ピーターが疲れているように見えることを覚えておきなさい。

《ヒント》①「～のように見える」= look ～ / この場合 looks tired
　　　　②この名詞化は、基本文の前に that を加えるだけ。
　　　　③命令形は主語抜きで、動詞から始まる。

23.【名詞化-23】

無制限 / 38 秒(7) / 30 秒(5) / 22 秒(3) / 14 秒(1)

- **基本** 今年の夏は暑かったですか？
- **変化** 「今年の夏は暑かったですか？」①
- **代入** 彼女は「待て！」と言いました。②
- **合成** 彼女は「今年の夏は暑かったですか？」と言いました。

《ヒント》①この名詞化は、基本文を " "（クォーテーション）でくくるだけ。発音上の変化はない。
　　　　②「言った」= said /「言う」= say

24.【名詞化-24】

無制限 / 44 秒(7) / 36 秒(5) / 28 秒(3) / 20 秒(1)

- **基本** あなたはその損失のことを忘れましたか？①
- **変化** あなたがその損失のことを忘れたかどうか②
- **代入** あなたの住所を教えてください。
- **合成** あなたがその損失のことを忘れたかどうかを教えてください。

《ヒント》①「～のことを忘れる」= forget about ～
　　　　②この名詞化は、did を省き、forget を forgot に戻し、先頭に if をつける。最後に or not を付けることもできる。

21. 【名詞化-21】

- 基本 ▷ Our daughter was born in 1975.
- 変化 ▷ our daughter born in 1975
- 代入 ▷ We kept traveling around the world.
- 合成 ▶ **Our daughter born in 1975** kept traveling around the world.

応用　**The china found in Aomori** was a fake.（青森で発見された陶器は偽物でした）

22. 【名詞化-22】

- 基本 ▷ Peter looks tired.
- 変化 ▷ (that) Peter looks tired
- 代入 ▷ Remember my word.
- 合成 ▶ Remember **(that) Peter looks tired**.

応用(1)　I heard **(that) he passed the entrance exam**.
（私は彼が入学試験に受かったと聞きました）

応用(2)　It seems **that they don't like this place so much**.
（彼らはこの場所があまり好きではないようです）

23. 【名詞化-23】

- 基本 ▷ Was it hot this summer?
- 変化 ▷ "Was it hot this summer?"
- 代入 ▷ She said, "Wait!"
- 合成 ▶ She said, **"Was it hot this summer?"**

応用　Bob said, **"What's the matter with you?"**
（ボブは「どうしたの？」と言いました）

24. 【名詞化-24】

- 基本 ▷ Did you forget about the loss?
- 変化 ▷ if you forgot about the loss
- 代入 ▷ Let me know your address.
- 合成 ▶ Let me know **if you forgot about the loss**.

応用　I don't know **if I can attend that meeting**.
（私はそのミーティングに出席できるかどうかわかりません）

25.【名詞化-25】

無制限 / 40秒(7) / 32秒(5) / 24秒(3) / 16秒(1)

- **基本** だれが最初に来ますか？①
- **変化** だれが最初に来るか②
- **代入** 私はその音楽には興味がありません。③
- **合成** 私はだれが最初に来るかには興味がありません。

《ヒント》① who/what/which などが主語なら、疑問文でも普通の文と同じ語順。
② この場合、基本文そのままで名詞化となる。
③ 「〜に興味がある」＝ be interested in 〜

26.【名詞化-26】

無制限 / 40秒(7) / 32秒(5) / 24秒(3) / 16秒(1)

- **基本** あの建物は何ですか？①
- **変化** あの建物が何であるか②
- **代入** だれか道を知っていますか？③
- **合成** だれかあの建物が何であるかを知っていますか？

《ヒント》① What is で開始。
② この名詞化は、is 〜の語順を〜 is に逆転。
③ 「だれか」＝ anyone

27.【名詞化-27】

無制限 / 38秒(7) / 30秒(5) / 22秒(3) / 14秒(1)

- **基本** 何かが彼に起こりました。①
- **変化** 彼に起こったこと②
- **代入** これがその秘訣です。③
- **合成** これが彼に起こったことです。

《ヒント》①「何か」＝ something
② この名詞化は、主語（something）を what に置き換える。この場合、what には「何」という意味はない。
③「秘訣」＝ secret /「秘密」という意味もある。

28.【名詞化-28】

無制限 / 38秒(7) / 30秒(5) / 22秒(3) / 14秒(1)

- **基本** 彼は何かが欲しいです。①
- **変化** 彼が欲しいもの②
- **代入** そのおもちゃはここでは売られていません。
- **合成** 彼が欲しいものはここでは売られていません。

《ヒント》①「何か」＝ something
② この名詞化は、目的語（この場合は something）を省き、先頭に what をつける。この what は「何」ではなく「物 / 事」となる。

25.【名詞化-25】

- 基本 > Who comes first?
- 変化 > who comes first
- 代入 > I am not interested in the music.
- 合成 > I am not interested in who comes first.

応用(1) I really want to know **what happened to him**.
（私は彼に何が起こったのか本当に知りたいのです）
応用(2) We must find out **who leaked the information**.
（私たちはだれがその情報を漏らしたのか調べなければなりません）

26.【名詞化-26】

- 基本 > What is that building?
- 変化 > what that building is
- 代入 > Does anyone know the way?
- 合成 > Does anyone know **what that building is**?

応用 Everyone knew **when the teacher's birthday was**.
（みんな先生の誕生日がいつか知っていました）

27.【名詞化-27】

- 基本 > Something happened to him.
- 変化 > what happened to him
- 代入 > This is the secret.
- 合成 > This is **what happened to him**.

応用 **What struck me the most** was her beauty.
（私に一番の印象を与えたのは、彼女の美貌でした）

28.【名詞化-28】

- 基本 > He wants something.
- 変化 > what he wants
- 代入 > The toy is not sold here.
- 合成 > **What he wants** is not sold here.

応用(1) I will show you **what I have**.（私は自分が持っているものをあなたにお見せしましょう）
応用(2) Don't talk about **what you dislike**.（あなた方が好きではないことについては話すな）

29.【名詞化-29】

無制限 / 48秒(7) / 40秒(5) / 32秒(3) / 24秒(1)

- **基本** 彼女は何かについて不平を言っていました。①
- **変化** 彼女が不平を言っていた内容②
- **代入** それは大きな問題になるでしょう。③
- **合成** 彼女が不平を言っていた内容は大きな問題になるでしょう。

《ヒント》①「〜について不平を言う」= complain about 〜
②この名詞化も something を省き、先頭に what を付けるが、complain about 〜の about は省かない。
③「なるでしょう」= will become

30.【名詞化-30】

無制限 / 42秒(7) / 34秒(5) / 26秒(3) / 18秒(1)

- **基本** 彼女は何を勉強しますか？
- **変化** 彼女が勉強することは何でも①
- **代入** その記事は彼女に役立つでしょう。②
- **合成** 彼女が勉強することは何でも彼女に役立つでしょう。

《ヒント》①この名詞化は、基本文の what に ever を付けて whatever とし、do / does / did を省く。
②「記事」= article /「役立つ」= helpful

31.【名詞化-31】

無制限 / 42秒(7) / 34秒(5) / 26秒(3) / 18秒(1)

- **基本** だれが私を避けましたか？①
- **変化** 私を避けた人はだれでも②
- **代入** 彼のコメントは私の気持ちを傷つけました。
- **合成** 私を避けた人はだれでも私の気持ちを傷つけました。

《ヒント》①「避ける」= avoid
②この名詞化も、who を whoever とし、あとはそのまま。

32.【名詞化-32】

無制限 / 50秒(7) / 42秒(5) / 34秒(3) / 26秒(1)

- **基本** その婦人は非常に裕福でした。
- **変化** 非常に裕福だった婦人①
- **代入** 私の友人は自分の古い大邸宅を改築してもらいました。②
- **合成** 非常に裕福だった婦人は自分の古い邸宅を改築してもらいました。

《ヒント》①この名詞化は、主語（この場合は the lady）のあとに who を付け、あとはそのまま。
②「〜を改造してもらう」= have 〜 rebuilt

29.【名詞化-29】

- 基本 ▶ She was complaining about something.
- 変化 ▶ what she was complaining about
- 代入 ▶ It will become a big problem.
- 合成 ▶ **What she was complaining about** will become a big problem.

応用　That is not **what I am thinking of**.（それは私が考えていることではありません）

30.【名詞化-30】

- 基本 ▶ What does she study?
- 変化 ▶ whatever she studies
- 代入 ▶ The article will be helpful to her.
- 合成 ▶ **Whatever she studies** will be helpful to her.

応用　I will give you **whichever you choose**.
（あなたが選ぶものはどれであってもあなたにあげましょう）

31.【名詞化-31】

- 基本 ▶ Who avoided me?
- 変化 ▶ whoever avoided me
- 代入 ▶ His comment hurt my feelings.
- 合成 ▶ **Whoever avoided me** hurt my feelings.

応用(1)　**Whoever comes here first** will get the job.
（だれでもここに最初に来る人は、その仕事を得るでしょう）
応用(2)　Let's cut down **whatever blocks the view**.
（眺めをさえぎる物は何でも切り倒しましょう）

32.【名詞化-32】

- 基本 ▶ The lady was very wealthy.
- 変化 ▶ the lady who was very wealthy
- 代入 ▶ My friend had her old mansion rebuilt.
- 合成 ▶ **The lady who was very wealthy** had her old mansion rebuilt.

応用　**The lady who is sitting on the couch** is the president's wife.
（ソファーに座っている婦人は社長の奥様です）

33.【名詞化-33】
無制限 / 56秒(7) / 48秒(5) / 40秒(3) / 32秒(1)

- 基本　あの若いセールスマンが私の職務を引き継ぎます。①
- 変化　私の職務を引き継ぐあの若いセールスマン②
- 代入　私は顧客に、その新しいシステムを紹介しなければなりませんでした。
- 合成　私は顧客に、私の職務を引き継ぐあの若いセールスマンを紹介しなければなりませんでした。

《ヒント》①「〜を引き継ぐ」= to take over 〜
　　　　②この名詞化は、take over の前に to を加えて to take over とし、あとはそのままにする。

34.【名詞化-34】
無制限 / 40秒(7) / 32秒(5) / 24秒(3) / 16秒(1)

- 基本　彼らは落胆しています。①
- 変化　落胆している人たち②
- 代入　あなたは彼のメッセージを聞くべきです。③
- 合成　落胆している人たちは彼のメッセージを聞くべきです。

《ヒント》①「落胆している」= be discouraged
　　　　②この名詞化は、主語（they）を those who に置き換える。
　　　　③「〜すべき」= should 〜

35.【名詞化-35】
無制限 / 48秒(7) / 40秒(5) / 32秒(3) / 24秒(1)

- 基本　トッドのお姉さんはピアニストです。
- 変化　お姉さんがピアニストであるトッド①
- 代入　彼はバイオリンのレッスンを受けています。②
- 合成　お姉さんがピアニストであるトッドはバイオリンのレッスンを受けています。

《ヒント》①この名詞化は、〜's ... を 〜 whose ... とする。この場合は Todd's sister を Todd whose sister とする。
　　　　②「受ける」= take

33. 【名詞化-33】

- 基本 > That young salesman takes over my position.
- 変化 > that young salesman to take over my position
- 代入 > I had to introduce **the new system** to our customer.
- 合成 > I had to introduce **that young salesman to take over my position** to our customer.

応用　I finally found **a man to fix this complicated machine**.
（私はついにこの複雑な機械を直す人を見つけました）

34. 【名詞化-34】

- 基本 > They are discouraged.
- 変化 > those who are discouraged
- 代入 > **You** should hear his message.
- 合成 > **Those who are discouraged** should hear his message.

応用(1)　Give this bread to **those who are hungry**.
（このパンをお腹が空いている人たちにあげなさい）
応用(2)　**He who knows the answer** must come to my office.
（その答えを知っている人は、私のオフィスに来なくてはいけません）

35. 【名詞化-35】

- 基本 > Todd's sister is a pianist.
- 変化 > Todd whose sister is a pianist
- 代入 > **He** is taking violin lessons.
- 合成 > **Todd whose sister is a pianist** is taking violin lessons.

応用　Mary whose father owns this company doesn't work here.
（お父さんがこの会社を所有しているメアリーは、ここでは働いていません）

STEP 2 「副詞化」その1

36.【副詞化-01】
無制限 / 40秒(7) / 32秒(5) / 24秒(3) / 16秒(1)

- 基本 ▶ デビーは看護師です。
- 変化 ▶ 看護師になるために ①
- 代入 ▶ その少女は毎日一生懸命勉強しました。②
- 合成 ▶ その少女は看護師になるために一生懸命勉強しました。

《ヒント》①この副詞化は、主語（この場合 Debby）を省き、is を to be とする。
② 「一生懸命」= hard

37.【副詞化-02】
無制限 / 40秒(7) / 32秒(5) / 24秒(3) / 16秒(1)

- 基本 ▶ 私たちは空腹です。
- 変化 ▶ 空腹であることによっては ①
- 代入 ▶ 私たちはそんなことでは何も解決できません。②
- 合成 ▶ 私たちは空腹であることによっては何も解決できません。

《ヒント》①この副詞化は、主語（この場合 we）を省き、are を being に変え、その前に by を加え by being 〜とする。
② 「解決する」= solve

38.【副詞化-03】
無制限 / 44秒(7) / 36秒(5) / 28秒(3) / 20秒(1)

- 基本 ▶ あなたはいつ会社で無視されましたか？①
- 変化 ▶ 会社で無視されるとき ②
- 代入 ▶ そのときあなたは何をしますか？③
- 合成 ▶ 会社で無視されたときあなたは何をしますか？

《ヒント》① 「無視される」= be ignored
② この副詞化は、When のあとの主語（you）と be（were）を省く。
③ 「そのとき」= then / at that time でも可。

39.【副詞化-04】
無制限 / 44秒(7) / 36秒(5) / 28秒(3) / 20秒(1)

- 基本 ▶ いつ雪が降りますか？①
- 変化 ▶ 雪が降るとき ②
- 代入 ▶ あなたは必要なときにはこのかさを使ってもよいです。
- 合成 ▶ あなたは雪が降るときにはこのかさを使ってもよいです。

《ヒント》① 「雪が降る」= it snows
② この副詞化は、基本文の does it 〜の does を省き、snows にする。

STEP 2 「副詞化」その1

36. 【副詞化-01】

- 基本　Debby is a nurse.
- 変化　**to be a nurse**
- 代入　The girl worked hard **every day**.
- 合成　The girl worked hard **to be a nurse**.

応用　Many people came to Japan **to learn the tea ceremony**.
（多くの人が茶道を学ぶために日本に来ました）

37. 【副詞化-02】

- 基本　We are hungry.
- 変化　**by being hungry**
- 代入　We can't solve anything **like that**.
- 合成　We can't solve anything **by being hungry**.

応用(1)　You cannot win **by hurting other people**.
（他の人を傷つけることによって勝利することはできません）

応用(2)　**Without reading this book**, you will never get an answer.
（この本を読まずに答えを得ることは決してできないでしょう）

38. 【副詞化-03】

- 基本　When were you ignored in your office?
- 変化　**when ignored in your office**
- 代入　What do you do **then**?
- 合成　What do you do **when ignored in your office**?

応用　**As already explained**, we cannot change the plan.
（すでに説明されたように、私たちはその計画を変えることはできません）

39. 【副詞化-04】

- 基本　When does it snow?
- 変化　**when it snows**
- 代入　You can use this umbrella **when necessary**.
- 合成　You can use this umbrella **when it snows**.

応用　Let's wait here **until they all come**. （彼ら全員が来るまでここで待ちましょう）

40.【副詞化-05】

無制限 / 48秒(7) / 40秒(5) / 32秒(3) / 24秒(1)

- 基本 〉十分な投資家がいません。①
- 変化 〉十分な投資家がいなければ ②
- 代入 〉私たちはまだこのビジネスを始めることができません。
- 合成 〉私たちは十分な投資家がいなければこのビジネスを始めることができません。

《ヒント》①「十分な投資家」＝ enough investors
②この副詞化は、基本文に unless を加えるだけ。unless ～は「～でなければ」の意味を持つ。

41.【副詞化-06】

無制限 / 44秒(7) / 36秒(5) / 28秒(3) / 20秒(1)

- 基本 〉彼らは携帯電話で話をしていました。①
- 変化 〉携帯電話で話をしながら ②
- 代入 〉その日、その少女はいやな思いをしました。③
- 合成 〉携帯電話で話をしながら、その少女はいやな思いをしました。

《ヒント》①「電話で話す」＝ talk over the phone
②この副詞化は、主語（They）と be（were）を省くだけ。
③「いやな思いをする」＝ get upset

42.【副詞化-07】

無制限 / 46秒(7) / 38秒(5) / 30秒(3) / 22秒(1)

- 基本 〉彼はシュバイツァーに影響されました。①
- 変化 〉シュバイツァーに影響され ②
- 代入 〉5年後、兄は医者になりました。
- 合成 〉シュバイツァーに影響され、兄は医者になりました。

《ヒント》①「～に影響される」＝ be influenced by ～
②この副詞化は、主語（He）と be（was）を省くだけ。

43.【副詞化-08】

無制限 / 40秒(7) / 32秒(5) / 24秒(3) / 16秒(1)

- 基本 〉彼らはいつピクニックに行きましたか？①
- 変化 〉彼らがピクニックに行ったときはいつも ②
- 代入 〉1週間雨が降りました。
- 合成 〉彼らがピクニックに行ったときはいつも雨が降りました。

《ヒント》①「ピクニックに行く」＝ go on a picnic
②この副詞化は、when を whenever に変え、did they ～の did を省く。このとき、go を went にする。

40. 【副詞化-05】

- 基本: There aren't enough investors.
- 変化: unless there are enough investors
- 代入: We can't start this business **yet**.
- 合成: We can't start this business **unless there are enough investors**.

応用(1) **Even if the sale drops for a while**, we shouldn't give up.
(たとえしばらくの間売り上げが落ちても、我々は決してあきらめるべきではない)

応用(2) **Once we purchase that company**, our success will be promised.
(いったんあの会社を買収すれば、我々の成功は約束されるでしょう)

41. 【副詞化-06】

- 基本: They were talking over the cell phone.
- 変化: talking over the cell phone
- 代入: **On that day**, the girl got upset.
- 合成: **Talking over the cell phone**, the girl got upset.

応用 **Smoking on the bed**, he fell asleep.
(彼はベッドでたばこを吸いながら寝てしまいました)

42. 【副詞化-07】

- 基本: He was influenced by Schweitzer.
- 変化: influenced by Schweitzer
- 代入: **5 years later**, my brother became a doctor.
- 合成: **Influenced by Schweitzer**, my brother became a doctor.

応用 **Encouraged by her parents**, she took part in the contest.
(両親に励まされ、彼女はコンテストに参加しました)

43. 【副詞化-08】

- 基本: When did they go on a picnic?
- 変化: whenever they went on a picnic
- 代入: It rained **for one week**.
- 合成: It rained **whenever they went on a picnic**.

応用(1) **Wherever they went**, they met nice people.
(彼らはどこに行っても、すばらしい人たちに出会いました)

応用(2) **However I pronounced the word**, she didn't get it.
(私がその単語をどんな風に発音しても、彼女は理解しませんでした)

44.【副詞化-09】

無制限 / 44 秒(7) / 36 秒(5) / 28 秒(3) / 20 秒(1)

- **基本** 彼は何を買いましたか？
- **変化** 彼が何を買っても ①
- **代入** 残念ながら、彼の奥さんは決して満足しませんでした。②
- **合成** 彼が何を買っても、彼の奥さんは決して満足しませんでした。

《ヒント》① この副詞化は、what を whatever に変え、did he ～の did を省く。did を省くときに、buy を bought にする。
② 「決して満足しない」= be never satisfied

45.【副詞化-10】

無制限 / 38 秒(7) / 30 秒(5) / 22 秒(3) / 14 秒(1)

- **基本** あなたに何が起こりますか？
- **変化** あなたに何が起ころうとも ①
- **代入** 確かに、その企画は試す価値があります。②
- **合成** あなたに何が起ころうとも、その企画は試す価値があります。

《ヒント》① この副詞化は、what を whatever に変えるだけ。
② 「試す価値がある」= be worth trying

46.【副詞化-11】

無制限 / 46 秒(7) / 38 秒(5) / 30 秒(3) / 22 秒(1)

- **基本** その湖はどのぐらい大きく見えますか？
- **変化** その湖がどれほど大きく見えても ①
- **代入** このあたりでは彼らはそれを池と呼びます。②
- **合成** その湖がどれほど大きく見えても彼らはそれを池と呼びます。

《ヒント》① この副詞化は、how big を however big に変え、does ～の does を省く。does を省くときに look は looks にする。
② 「それを池と呼ぶ」= call it a pond

47.【副詞化-12】

無制限 / 44 秒(7) / 36 秒(5) / 28 秒(3) / 20 秒(1)

- **基本** その家はもっと大きいです。
- **変化** その家が大きければ大きいほど ①
- **代入** そうすれば、それはもっと心地よいでしょう。
- **合成** その家が大きければ大きいほど、もっと心地よいでしょう。

《ヒント》① この副詞化は、bigger の前に the を付け、the bigger を先頭に持ってくる。その場合、合成するときに代入文も more comfortable を the more comfortable として先頭に持ってくる。

第2章 YouCanSpeak 実践トレーニング

44.【副詞化-09】

- 基本 > What did he buy?
- 変化 > whatever he bought
- 代入 > Unfortunately, his wife was never satisfied.
- 合成 > **Whatever he bought**, his wife was never satisfied.

応用　**Whoever you meet on the way**, you must not talk.
（あなたは行く途中だれに会っても、話してはいけません）

45.【副詞化-10】

- 基本 > What happens to you?
- 変化 > whatever happens to you
- 代入 > The project is worth trying **for sure**.
- 合成 > The project is worth trying **whatever happens to you**.

応用　**Whichever they show you**, say something nice about it.
（彼らがあなたにどちらを見せようとも、それについて何かよいことを言いなさい）

46.【副詞化-11】

- 基本 > How big does the lake look?
- 変化 > however big the lake looks
- 代入 > They call it a pond **around here**.
- 合成 > They call it a pond **however big the lake looks**.

応用　**However hard we pushed it**, the door didn't move a bit.
（私たちがどんなに力を入れてドアを押しても、それはてこでも動きませんでした）

47.【副詞化-12】

- 基本 > The house is bigger.
- 変化 > the bigger the house is
- 代入 > **Then**, it will be more comfortable.
- 合成 > **The bigger the house is**, the more comfortable it will be.

応用(1)　**The more nervous she became**, the faster she spoke.
（彼女は神経質になればなるほど、速く話しました）
応用(2)　**The hotter the iron is**, the softer it is.（鉄は熱ければ熱いほど、柔らかい）

48.【副詞化-13】

無制限 / 48秒(7) / 40秒(5) / 32秒(3) / 24秒(1)

基本 ▷ その有名な教授が私たちのクラスを教えました。①
変化 ▷ その有名な教授が私たちのクラスを教えたので ②
代入 ▷ 私たちは今日は幸運です。
合成 ▶ 私たちはその有名な教授が私たちのクラスを教えたので幸運です。

《ヒント》① 「有名な」 = famous
② この副詞化は、基本文に that を付けるだけ。

スピーキングが上達する効果的な学習法

「基本」「変化」「代入」「合成」の展開の意味（1）

"This is a car." と "This is the house my uncle recently bought." という2つの文章を比較した場合、後者のほうがコミュニケーション価値が高いと言える。なぜなら車は誰が見ても車とわかるからだ。でも「最近おじが購入した家」という情報は、それを知っている人しか提供できない情報になる。問題は、このようにコミュニケーション価値の高い、あるいは因果関係を明確に示す英文の多くは、2つあるいはそれ以上の動詞が使われていることである。このように1つの文の中で動詞が2つ存在する文は一般に「複文」と呼ばれるが、それら複文は、より複雑で難しいと思われている。リーディングやヒアリングの場合は、複雑な英文を自ら作り出す必要はなく、他人が作った文が理解できるかどうかだけが問題になる。

我々は今まで文法用語を使ってそれらを分析し意味を理解してきた。たとえば "This is the house my uncle recently bought." の意味を理解するのに次のステップを踏む。
① This is the house が主文でそれ以降が従属節になる。
② この従属節には関係代名詞 which が隠されている。
③ その先行詞は the house である。
④ my uncle recently bought が先行詞 the house を説明しているので、その意味は「最近叔父が購入した家」となり、全体的には「これは最近叔父が購入した家です」となる。

このプロセスで正確な意味を捉らえたとしても、瞬時に英文を作り出さなければならないスピーキングにはあまり役立たない。自由に話すためには複雑な分析ではなく、もっと簡単にすばやく文を組み立てる必要がある。そこで力を発揮するのが「基本」「変化」「代入」「合成」の展開なのである。

48. 【副詞化-13】

> 基本　The famous professor taught our class.
> 変化　that the famous professor taught our class
> 代入　We are fortunate today.
> 合成　We are fortunate **that the famous professor taught our class**.

応用　I am glad **that all of you could come to the party**.
（私は、あなた方全員がパーティーに来ることができてうれしいです）

STEP 3 「名詞化」その2

49.【名詞化-01】
無制限 / 48秒(7) / 40秒(5) / 32秒(3) / 24秒(1)

- 基本　その未亡人は大邸宅に1人で暮らしています。①
- 変化　大邸宅に1人で暮らすこと②
- 代入　私はこの音楽にあきあきしています。③
- 合成　私は大邸宅に1人で暮らすことにあきあきしています。

《ヒント》①「未亡人」= widow
② the widow を省き、lives を living に変える。
③「～にあきあきしている」= be tired of ～

50.【名詞化-02】
無制限 / 44秒(7) / 36秒(5) / 28秒(3) / 20秒(1)

- 基本　あの状況下でだれが冷静でしたか？①
- 変化　あの状況下で冷静でいること②
- 代入　それは彼女の性格ではありませんでした。③
- 合成　あの状況下で冷静でいることは彼女の性格ではありませんでした。

《ヒント》①「あの状況下で」= in that situation
② who を省き、was を being に変える。
③「性格」= character

51.【名詞化-03】
無制限 / 48秒(7) / 40秒(5) / 32秒(3) / 24秒(1)

- 基本　校則を守りましょう。①
- 変化　校則を守ること②
- 代入　大きいほうの椅子はそんなに心地よくありませんでした。③
- 合成　校則を守ることはそんなに心地よくありませんでした。

《ヒント》①「～を守る」= abide by ～
② Let's を省き、abide を to abide とする。
③「心地よい」= comfortable

52.【名詞化-04】
無制限 / 42秒(7) / 34秒(5) / 26秒(3) / 18秒(1)

- 基本　有名になりすぎてはいけません。①
- 変化　有名すぎること②
- 代入　彼の音楽は時々いらだちを感じさせるものです。③
- 合成　有名すぎることは時々いらだちを感じさせるものです。

《ヒント》①「～になりすぎる」= be too ～
② Don't を省き、be too ～を to be too ～とする。
③「いらだちを感じさせる」= irritating

STEP 3 「名詞化」その2

49.【名詞化-01】

- 基本： The widow lives alone in a huge mansion.
- 変化： living alone in a huge mansion
- 代入： I am tired of **this music**.
- 合成： I am tired of **living alone in a huge mansion**.

応用： I cannot think of **leaving my family in such a manner**.
（そのような形で家族を見捨てることなど、私には考えられません）

50.【名詞化-02】

- 基本： Who was calm in that situation?
- 変化： being calm in that situation
- 代入： **That** was not her character.
- 合成： **Being calm in that situation** was not her character.

応用(1)： Do you know the importance of **being always patient**?
（あなたは、いつでも忍耐深くあることの大切さがわかりますか？）

応用(2)： **Being curious** is the key for new opportunities.
（好奇心を持っていることが新たなるチャンスへの鍵です）

51.【名詞化-03】

- 基本： Let's abide by the school regulations.
- 変化： to abide by the school regulations
- 代入： **The bigger chair** was not so comfortable.
- 合成： **To abide by the school regulations** was not so comfortable.

応用： **To say "No" to everything** is not a good idea.
（何に対しても「ノー」と言うのは、感心しません）

52.【名詞化-04】

- 基本： Don't be too famous.
- 変化： to be too famous
- 代入： **His music** is sometimes irritating.
- 合成： **To be too famous** is sometimes irritating.

応用(1)： It is nice **to be with you all the time**.
（いつもあなたと一緒にいられることはすばらしいです）

応用(2)： **To be too fussy** is not so good in this sport.
（このスポーツでは神経質になりすぎるのは、あまりよくありません）

53.【名詞化-05】
　　　　　　　　　　　　無制限 / 44 秒(7) / 36 秒(5) / 28 秒(3) / 20 秒(1)

- **基本** あの男の人たちは夢でいっぱいです。①
- **変化** 夢でいっぱいなあの男の人たち ②
- **代入** 彼ら全員はアメリカに行ってもう戻ってきません。
- **合成** 夢でいっぱいなあの男の人たちはアメリカに行ってもう戻ってきません。

《ヒント》①「夢でいっぱい」= be full of dreams
② those men were 〜の were を省き、those men 〜とする。

54.【名詞化-06】
　　　　　　　　　　　　無制限 / 52 秒(7) / 44 秒(5) / 36 秒(3) / 28 秒(1)

- **基本** 私は彼にそのアンティークのタンスをあげなければなりません。
- **変化** 私が彼にあげなければならないアンティークのタンス ①
- **代入** 壁に付いている鐘はまたと得がたいものです。②
- **合成** 私が彼にあげなければならないアンティークのタンスは、またと得がたいものです。

《ヒント》① I have to 〜と the antique 〜の順序を逆転。
②「またと得がたい」= irreplaceable

55.【名詞化-07】
　　　　　　　　　　　　無制限 / 50 秒(7) / 42 秒(5) / 34 秒(3) / 26 秒(1)

- **基本** そのパンは特別なときに食べましょう。①
- **変化** 特別なときに食べるパン ②
- **代入** これはオーストラリアからの小麦粉ですか？③
- **合成** これは特別なときに食べるパンですか？

《ヒント》①「特別なときに」= on a special occasion
② Let's を省き bread を eat の前に置き、eat を to eat とする。
③「小麦粉」= flour

56.【名詞化-08】
　　　　　　　　　　　　無制限 / 50 秒(7) / 42 秒(5) / 34 秒(3) / 26 秒(1)

- **基本** 人々は箸でご飯を食べました。①
- **変化** 人々がご飯を食べるのに使った箸 ②
- **代入** 彼らのほとんどはその秘密のことを知りませんでした。③
- **合成** 彼らのほとんどは、人々がご飯を食べるのに使った箸のことを知りませんでした。

《ヒント》①「〜で食べる」= eat with 〜
② chopsticks を先頭に置き、あとはそのまま。with を忘れずに。
③「彼らのほとんど」= most of them

53.【名詞化-05】

- 基本 > Those men are full of dreams.
- 変化 > those men full of dreams
- 代入 > They all went to America for good.
- 合成 > **Those men full of dreams** went to America for good.

応用　**A man with a knife in his hand** came into the room.
（手にナイフを持った男が部屋の中に入ってきました）

54.【名詞化-06】

- 基本 > I have to give him the antique dresser.
- 変化 > the antique dresser I have to give him
- 代入 > The bell on the wall is irreplaceable.
- 合成 > **The antique dresser I have to give him** is irreplaceable.

応用　**The PC I bought on-line** was undoubtedly cheap.
（私がインターネット上で買ったパソコンは、疑いもなく安かったです）

55.【名詞化-07】

- 基本 > Let's eat the bread on a special occasion.
- 変化 > the bread to eat on a special occasion
- 代入 > Is this the flour from Australia?
- 合成 > Is this **the bread to eat on a special occasion**?

応用(1)　I have ordered **a morning dress to wear for the wedding**.
（私は結婚式に着るためのモーニングを注文しました）

応用(2)　Don't forget **the heavy coat to wear in the snow**.
（雪の中で着る厚いコートを忘れてはいけません）

56.【名詞化-08】

- 基本 > People ate rice with chopsticks.
- 変化 > chopsticks people ate rice with
- 代入 > Most of them didn't know about the secret.
- 合成 > Most of them didn't know about **chopsticks people ate rice with**.

応用　Didn't anyone see **the box my jewelry is in**?
（だれか私の宝石の入った箱を見ませんでしたか？）

57.【名詞化-09】

無制限 / 42 秒(7) / 34 秒(5) / 26 秒(3) / 18 秒(1)

- 基本 母はその缶の中に油を入れておきます。
- 変化 油を入れておくべき缶 ①
- 代入 そのロールパンはどこにありましたか？ ②
- 合成 油を入れておくべき缶はどこにありましたか？

《ヒント》① my mother を省き、the can を先頭に置き、keep を to keep とする。
　　　　② 「ロールパン」= roll of bread

58.【名詞化-10】

無制限 / 50 秒(7) / 42 秒(5) / 34 秒(3) / 26 秒(1)

- 基本 そのアンティーク・カーは修理されなければなりません。
- 変化 修理されるべきアンティーク・カー ①
- 代入 その壊れた自転車はガレージの中にあるかもしれません。 ②
- 合成 修理されるべきアンティーク・カーはガレージの中にあるかもしれません。

《ヒント》① must を省き、be repaired を to be repaired とする。
　　　　② 「〜の中にあるかもしれない」= may be in 〜

59.【名詞化-11】

無制限 / 48 秒(7) / 40 秒(5) / 32 秒(3) / 24 秒(1)

- 基本 あの失礼な客は何を注文しましたか？
- 変化 あの失礼な客が何を注文したか ①
- 代入 パティーは彼らに3つ以上の番号を伝えましたか？ ②
- 合成 パティーは彼らにあの失礼な客が何を注文したかを伝えましたか？

《ヒント》① did を省き、order を ordered にする。
　　　　② 「3つ以上」= more than two（英語の場合、two は含まれない）

60.【名詞化-12】

無制限 / 48 秒(7) / 40 秒(5) / 32 秒(3) / 24 秒(1)

- 基本 あなたはだれをあきらめましたか？
- 変化 だれをあきらめるか ①
- 代入 あなたはできるだけ早くはっきりした日程を決めたほうがいいですよ。 ②
- 合成 あなたはできるだけ早くだれをあきらめるかを決めたほうがいいですよ。

《ヒント》① did と you を省き、give up を to give up とする。
　　　　② 「〜したほうがよい」= had better 〜

57.【名詞化-09】

- 基本 > My mother keeps the oil in the can.
- 変化 > the can to keep the oil in
- 代入 > Where was **the roll of bread**?
- 合成 > Where was **the can to keep the oil in**?

応用　Where shall we put **the cabinet to keep the documents in**?
（書類を入れるキャビネットをどこに置きましょうか？）

58.【名詞化-10】

- 基本 > The antique car must be repaired.
- 変化 > the antique car to be repaired
- 代入 > **The broken bicycle** may be in the garage.
- 合成 > **The antique car to be repaired** may be in the garage.

応用　How can I reach **that big window to be painted white**?
（白いペンキを塗らなければならないあの大きな窓にどうやれば手が届くのですか？）

59.【名詞化-11】

- 基本 > What did that rude customer order?
- 変化 > what that rude customer ordered
- 代入 > Did Patty tell them **more than two numbers**?
- 合成 > Did Patty tell them **what that rude customer ordered**?

応用　I didn't have any idea **what those ladies were thinking**.
（あの女性たちが何を考えていたのか、私にはさっぱりわかりませんでした）

60.【名詞化-12】

- 基本 > Who did you give up?
- 変化 > who to give up
- 代入 > You had better decide **the exact date** as soon as possible.
- 合成 > You had better decide **who to give up** as soon as possible.

応用　Are you still discussing **what to order in this small restaurant**?
（あなた方はこの小さなレストランで何を注文するかまだ論じ合っているのですか？）

61.【名詞化-13】
無制限 / 44秒(7) / 36秒(5) / 28秒(3) / 20秒(1)

- **基本** 彼らは何で洗いますか？①
- **変化** 彼らが何で洗うか②
- **代入** その製品の名前はそんなに重要ではないかもしれません。③
- **合成** 彼らが何で洗うかはそんなに重要ではないかもしれません。

《ヒント》① 「〜で洗う」= wash with 〜
② do を省く。with を忘れずに。
③ 「〜ではないかもしれない」= may not be 〜

62.【名詞化-14】
無制限 / 48秒(7) / 40秒(5) / 32秒(3) / 24秒(1)

- **基本** あなたはどの店に立ち寄りますか？①
- **変化** どの店に立ち寄るべきか②
- **代入** 友人は彼の新しい住所を決して教えてくれませんでした。
- **合成** 友人はどの店に立ち寄るべきかを決して教えてくれませんでした。

《ヒント》① 「〜に立ち寄る」= stop by 〜
② do と you を省き、stop by を to stop by にする。

63.【名詞化-15】
無制限 / 42秒(7) / 34秒(5) / 26秒(3) / 18秒(1)

- **基本** あなたはそれをどこでなくしましたか？
- **変化** あなたがそれをどこでなくしたのか①
- **代入** あなたはその出来事の真実がすでにわかっていますか？②③
- **合成** あなたはそれをどこでなくしたのかすでにわかっていますか？

《ヒント》① did を省き、lose を lost にする。
② 「その出来事の真実」= the truth of the event
③ 「すでにわかっている」= have found out

64.【名詞化-16】
無制限 / 44秒(7) / 36秒(5) / 28秒(3) / 20秒(1)

- **基本** あなたはなぜアメリカへ行きますか？
- **変化** なぜアメリカへ行くのか①
- **代入** 彼の最後の説明はそれほど明確ではありませんでした。②
- **合成** なぜアメリカへ行くのかはそんなに明確ではありませんでした。

《ヒント》① do と you を省き、go to を to go to とする。
② 「それほど明確」= that clear / so clear も OK。

61.【名詞化-13】

- 基本: What do they wash with?
- 変化: what they wash with
- 代入: The name of the product may not be so important.
- 合成: **What they wash with** may not be so important.

応用　**Which you choose from** doesn't matter so much.
（あなたがどちらを選ぶかはそんなに重要ではありません）

62.【名詞化-14】

- 基本: Which store do you stop by?
- 変化: which store to stop by
- 代入: My friend never told me his new address.
- 合成: My friend never told me **which store to stop by**.

応用　**Which table to sit at** was decided by the secretaries.
（どのテーブルに座るかは、幹事団によって決められました）

63.【名詞化-15】

- 基本: Where did you lose it?
- 変化: where you lost it
- 代入: Have you found out the truth of the event?
- 合成: Have you found out **where you lost it**?

応用(1)　**Why the math teacher suddenly cried** remains a mystery.
（なぜ数学の先生が急に泣き出したかは謎のままです）

応用(2)　Can you tell us again **when you saw that car by the lake**?
（あなたがいつあの車を湖のそばで見たのか、もう一度話していただけませんか？）

64.【名詞化-16】

- 基本: Why do you go to America?
- 変化: why to go to America
- 代入: His last explanation was not that clear.
- 合成: **Why to go to America** was not that clear.

応用(1)　**How to connect these two lines** is the most tricky.
（これら2つの線をどうやってつなぐかが最もややこしいです）

応用(2)　Have you decided **when to sign the agreement**?
（その契約書にいつサインをするかもう決めましたか？）

65.【名詞化-17】
無制限 / 46秒(7) / 38秒(5) / 30秒(3) / 22秒(1)

- **基本** 彼は何らかの理由で仕事を辞めました。①
- **変化** 彼が仕事を辞めた理由 ②
- **代入** 著者のほとんどはわからずじまいでした。③
- **合成** 彼が仕事を辞めた理由はわからずじまいでした。

《ヒント》① 「何らかの理由で」= for some reason
② for を省き、some reason を the reason に変えて先頭に置く。reason のあとに why を入れることもできる。
③ 「わからずじまいになる」= remain unknown

66.【名詞化-18】
無制限 / 44秒(7) / 36秒(5) / 28秒(3) / 20秒(1)

- **基本** あなたはどれほど早く起きますか？
- **変化** あなたがどれほど早く起きるか ①
- **代入** これまでだれも私に開始時間を伝えてくれませんでした。②
- **合成** これまでだれも私にあなたがどれほど早く起きるかを伝えてくれませんでした。

《ヒント》① do を省く。
② 「これまでに～に伝えてある」= has / have told ～

67.【名詞化-19】
無制限 / 46秒(7) / 38秒(5) / 30秒(3) / 22秒(1)

- **基本** あなたはどれくらい中国に滞在しますか？①
- **変化** どれくらい中国に滞在すべきか ②
- **代入** 披露宴の日取りはまだ不確かです。③
- **合成** どれくらい中国に滞在すべきかはまだ不確かです。

《ヒント》① 「～に滞在する」= stay in ～ / stay at ～ の場合もある。
② do と you を省き、stay を to stay とする。
③ 「披露宴の日取り」= the date of the reception

68.【名詞化-20】
無制限 / 54秒(7) / 46秒(5) / 38秒(3) / 30秒(1)

- **基本** 警察はずっとその内偵捜査を続けてきました。①
- **変化** その内偵捜査を続けてきた警察 ②
- **代入** 私たちはついに容疑者の1人を絞り込みました。③
- **合成** その内偵捜査を続けて来た警察は、ついに容疑者の1人を絞り込みました。

《ヒント》① 「内偵捜査を続けてきた」= has/have been investigating
② has と been を省く。
③ 「容疑者」= suspect

65.【名詞化-17】

- 基本 ▶ He quit his job for some reason.
- 変化 ▶ the reason (why) he quit his job
- 代入 ▶ Most of the authors remained unknown.
- 合成 ▶ The reason (why) he quit his job remained unknown.

応用　The way (how) she cooks for so many people is really amazing.
（彼女がそんなに多くの人たちのために料理するやり方は、本当にびっくりです）

66.【名詞化-18】

- 基本 ▶ How early do you wake up?
- 変化 ▶ how early you wake up
- 代入 ▶ Nobody has told me the starting time.
- 合成 ▶ Nobody has told me how early you wake up.

応用　His parents still don't know how seriously he studies.
（彼の両親は、彼がどれほど真剣に学んでいるかはまだ知りません）

67.【名詞化-19】

- 基本 ▶ How long do you stay in China?
- 変化 ▶ how long to stay in China
- 代入 ▶ The date of the reception is still uncertain.
- 合成 ▶ How long to stay in China is still uncertain.

応用　Their only concern is how quickly to finish their job.
（彼らの唯一の関心事は、いかに速く仕事を終えるかです）

68.【名詞化-20】

- 基本 ▶ The police has been investigating it in secret.
- 変化 ▶ the police investigating it in secret
- 代入 ▶ We finally pinpointed one of the suspects.
- 合成 ▶ The police investigating it in secret finally pinpointed one of the suspects.

応用　The lady sitting next to my father is his brother's wife.
（父の脇に座っている女性は、父の兄の奥さんです）

69.【名詞化-21】
無制限 / 58秒(7) / 50秒(5) / 42秒(3) / 34秒(1)

- 基本》100年経った私たちの家は、1985年に焼き崩れました。①
- 変化》1985年に焼き崩れた100年経った私たちの家 ②
- 代入》角の建物はヨーロッパのお城のようでした。
- 合成》1985年に焼き崩れた100年経った私たちの家は、ヨーロッパのお城のようでした。

《ヒント》① 「100年経った家」= 100-year-old house
② was を省くだけ。

70.【名詞化-22】
無制限 / 48秒(7) / 40秒(5) / 32秒(3) / 24秒(1)

- 基本》ジミーはスーザンを家内と間違えました。①
- 変化》ジミーがスーザンを家内と間違えたこと ②
- 代入》彼女は後になってある程度の真実を教えてくれました。
- 合成》彼女は後になってジミーがスーザンを家内と間違えたことを教えてくれました。

《ヒント》① 「…を〜と間違える」= take ... to be 〜
② 基本文に that を付けるだけ。

71.【名詞化-23】
無制限 / 54秒(7) / 46秒(5) / 38秒(3) / 30秒(1)

- 基本》あなたが今夜ここに泊まるのでうれしいです。①
- 変化》「あなたが今夜ここに泊まるのでうれしいです」②
- 代入》「泥棒!」と受付係の1人が言いました。③
- 合成》「あなたが今夜ここに泊まるのでうれしいです」と受付係の1人が言いました。

《ヒント》① 「〜なのでうれしい」= be glad that 〜
② 基本文を " "（クォーテーション）でくくるだけ。発音上の変化はない。
③ 「受付係」= receptionist

72.【名詞化-24】
無制限 / 44秒(7) / 36秒(5) / 28秒(3) / 20秒(1)

- 基本》彼はコーヒーは濃いのが好きでした。①
- 変化》彼がコーヒーは濃いのが好きだったかどうか ②
- 代入》だれも彼の次の住所を知りませんでした。
- 合成》だれも彼がコーヒーは濃いのが好きだったかどうかを知りませんでした。

《ヒント》① 「濃い」= strong
② 先頭に whether を付け、最後に or not を付ける。or not は省くことも可能。

69.【名詞化-21】

- 基本 ▷ Our 100-year-old house was burnt down in 1985.
- 変化 ▷ our 100-year-old house burnt down in 1985
- 代入 ▷ The building at the corner was like a European castle.
- 合成 ▷ **Our 100-year-old house (that) burnt down in 1985** was like a European castle.

応用　**That huge house on the hill recently remodeled** is quite antique.
（最近リフォームされたあの丘の上の大きな家は、かなりアンティークです）

70.【名詞化-22】

- 基本 ▷ Jimmy took Susan to be my wife.
- 変化 ▷ that Jimmy took Susan to be my wife
- 代入 ▷ She later told me some truth.
- 合成 ▷ She later told me **that Jimmy took Susan to be my wife**.

応用　He promised me **that he would see my parents early next week**.
（彼は来週早々両親に会ってくれると私に約束しました）

71.【名詞化-23】

- 基本 ▷ I am glad (that) you will stay here tonight.
- 変化 ▷ "I am glad (that) you will stay here tonight."
- 代入 ▷ "Thief!", one of the receptionists said.
- 合成 ▷ **"I am glad (that) you will stay here tonight,"** one of the receptionists said.

応用　The strange man at the front door said, **"Is my wife hiding here?"**
（玄関口にいた変な男が「家内はここに隠れているのですか？」と言いました）

72.【名詞化-24】

- 基本 ▷ He liked his coffee strong.
- 変化 ▷ whether he liked his coffee strong or not
- 代入 ▷ No one knew his next address.
- 合成 ▷ No one knew **whether he liked his coffee strong or not**.

応用　**Whether she still loves me or not** would change my whole life.
（彼女がまだ私を愛しているかどうかが、私の人生全体を変えることになるでしょう）

73.【名詞化-25】

無制限 / 50秒(7) / 42秒(5) / 34秒(3) / 26秒(1)

- **基本** だれかこの挑戦的なゲームをやってみたいですか？①
- **変化** だれがこの挑戦的なゲームをやってみたいか②
- **代入** 私にあなたの生年月日を教えてください。
- **合成** 私にだれがこの挑戦的なゲームをやってみたいかを教えてください。

《ヒント》①「挑戦的なゲーム」＝ challenging game
　　　　②who が主語なので、基本文とまったく同じ。

74.【名詞化-26】

無制限 / 54秒(7) / 46秒(5) / 38秒(3) / 30秒(1)

- **基本** どちらの建物がホワイトハウスということになるのでしょうか？①
- **変化** どちらの建物がホワイトハウスということになるか②
- **代入** だれかがあなたの町の郵便番号をあなたに伝えましたか？
- **合成** だれかがどちらの建物がホワイトハウスということになるかをあなたに伝えましたか？

《ヒント》①「～ということになる」＝ be supposed to be ～
　　　　②the White House と is supposed ～の順序が逆転。

75.【名詞化-27】

無制限 / 56秒(7) / 48秒(5) / 40秒(3) / 32秒(1)

- **基本** 海底で何かが発見されました。
- **変化** 海底で発見されたもの①
- **代入** 私たちはその原因の正体をあばくことができます。②
- **合成** 私たちは海底で発見されたものの正体をあばくことができます。

《ヒント》① something を省き、先頭に what を付ける。この what は「何」ではなく「物」を意味する。
　　　　②「正体をあばく」＝ figure out

76.【名詞化-28】

無制限 / 44秒(7) / 36秒(5) / 28秒(3) / 20秒(1)

- **基本** 彼らはそれを完成させることはないでしょう。①
- **変化** 彼らが完成させることはないだろうこと②
- **代入** 彼らは不可能なことをするのをやめました。
- **合成** 彼らは完成させることはないだろうことをするのをやめました。

《ヒント》①「～することはないだろう」＝ wouldn't ～
　　　　②最後の it を省き what を先頭に付ける。what は「何」ではない。

73.【名詞化-25】

- 基本: Who wants to try this challenging game?
- 変化: who wants to try this challenging game
- 代入: Let me know **your date of birth**.
- 合成: Let me know **who wants to try this challenging game**.

応用　**Which fell on the ground first** is the most critical issue.
（どちらが最初に地面の落ちたかが、最も重大な事柄です）

74.【名詞化-26】

- 基本: Which building is supposed to be the White House?
- 変化: which building the White House is supposed to be
- 代入: Did anyone tell you **the zip code of your town**?
- 合成: Did anyone tell you **which building the White House is supposed to be**?

応用　None of us knew **what that yellow box on his desk was**.
（私たちのだれ1人として、彼の机の上にあったあの黄色い箱が何であったかは知りませんでした）

75.【名詞化-27】

- 基本: Something was found at the bottom of the ocean.
- 変化: what was found at the bottom of the ocean
- 代入: We are able to figure out **the cause**.
- 合成: We are able to figure out **what was found at the bottom of the ocean**.

応用　You cannot do anything to **what has already happened**.
（すでに起こってしまったことに対しては何もできません）

76.【名詞化-28】

- 基本: They wouldn't accomplish it.
- 変化: what they wouldn't accomplish
- 代入: They stopped doing **the impossible**.
- 合成: They stopped doing **what they wouldn't accomplish**.

応用　In that store, I couldn't find **what I really wanted to buy**.
（あの店では、私が本当に買いたかったものを見つけることができませんでした）

77.【名詞化-29】

無制限 / 46 秒(7) / 38 秒(5) / 30 秒(3) / 22 秒(1)

- 基本　そのことばは何かを表しているのでしょう。①
- 変化　そのことばが表しているだろう内容 ②
- 代入　私の学年が知りたいですか？
- 合成　そのことばが表しているだろう内容が知りたいですか？

《ヒント》① 「～を表す」 = stand for ～
② something を what に変え、先頭に持ってくる。for はそのままの位置に残す。

78.【名詞化-30】

無制限 / 48 秒(7) / 40 秒(5) / 32 秒(3) / 24 秒(1)

- 基本　あなたはどちらを買うことに決めましたか？
- 変化　あなたが買うことに決めたものはどれでも ①
- 代入　私たちの1人が損失分を支払いましょう。
- 合成　私たちの1人が、あなたが買うことに決めたものはどれでも支払いましょう。

《ヒント》① which を whichever に変え、did を省き、decide を decided に戻す。

79.【名詞化-31】

無制限 / 54 秒(7) / 46 秒(5) / 38 秒(3) / 30 秒(1)

- 基本　その願書の何が不確かでしたか？①
- 変化　その願書で不確かであったことは何でも ②
- 代入　私たちはレポートのいくつかを調査する必要があります。
- 合成　私たちはその願書で不確かであったことは何でも調査する必要があります。

《ヒント》① 「願書」 = application
② what を whatever に変える以外は、基本文と同じ。

80.【名詞化-32】

無制限 / 52 秒(7) / 44 秒(5) / 36 秒(3) / 28 秒(1)

- 基本　パティーはよい奥様になることでしょう。①
- 変化　よい奥様になるであろうパティー ②
- 代入　その女性は彼のプロポーズを本当だとは思いませんでした。
- 合成　よい奥様になるであろうパティーは、彼のプロポーズを本当だとは思いませんでした。

《ヒント》① 「よい奥様になる」 = make a good wife
② Patty のあとに who を加えるだけ。あとは基本文と同じ。

77.【名詞化-29】

- 基本) The word would stand for something.
- 変化) what the word would stand for
- 代入) Do you want to know **my grade**?
- 合成) Do you want to know **what the word would stand for**?

応用　**What I am thinking of right now** would surprise them.
（たった今私が考えていることは、彼らを驚かすことでしょう）

78.【名詞化-30】

- 基本) Which did you decide to buy?
- 変化) whichever you decided to buy
- 代入) One of us will pay for **the loss**.
- 合成) One of us will pay for **whichever you decided to buy**.

応用　**Whoever you choose to be your partner** will be my partner also.
（あなたが自分のパートナーになるものとして選んだ人は、私のパートナーにもなるでしょう）

79.【名詞化-31】

- 基本) What was uncertain about the application?
- 変化) whatever was uncertain about the application
- 代入) We need to examine **some of the reports**.
- 合成) We need to examine **whatever was uncertain about the application**.

応用　**Whoever opposes him in this project** will be removed from this team.
（この企画で彼に反対する人はだれでも、このチームから排除されるでしょう）

80.【名詞化-32】

- 基本) Patty would make a good wife.
- 変化) Patty who would make a good wife
- 代入) **The lady** didn't take his proposal as real.
- 合成) **Patty who would make a good wife** didn't take his proposal as real.

応用　Isn't **the car which is coming toward us** your uncle's car?
（私たちに向かってやって来る車は、あなたのおじさんの車ではないのですか？）

81.【名詞化-33】

無制限 / 54秒(7) / 46秒(5) / 38秒(3) / 30秒(1)

- 基本 そのブルドーザーはあの巨大な岩を動かします。①
- 変化 あの巨大な岩を動かすべきブルドーザー ②
- 代入 その機械は、少しばかり小さすぎるように見えます。③
- 合成 あの巨大な岩を動かすべきブルドーザーは、少しばかり小さすぎるように見えます。

《ヒント》 ①「巨大な岩」= huge rock
② move ～の前に to を加え、to move ～とする。
③「～のように見える」= seem to be ～

82.【名詞化-34】

無制限 / 50秒(7) / 42秒(5) / 34秒(3) / 26秒(1)

- 基本 だれかが店であなたをじろじろ見ました。①
- 変化 店であなたをじろじろ見た人 ②
- 代入 あなたはステージに立っている男の人を忘れたのですか？③
- 合成 あなたは店であなたをじろじろ見た人を忘れたのですか？

《ヒント》 ①「～をじろじろ見る」= stare at ～
② someone を the one who に変える。あとは基本文と同じ。
③「男の人」= guy (「やつ／野郎」という意味にも使われる)

83.【名詞化-35】

無制限 / 56秒(7) / 48秒(5) / 40秒(3) / 32秒(1)

- 基本 メアリーのご主人は突然会社を辞めなければなりませんでした。①
- 変化 ご主人が突然会社を辞めなければならなかったメアリー ②
- 代入 彼の姉は離婚を考えているのですか？
- 合成 ご主人が突然会社を辞めなければならなかったメアリーは離婚を考えているのですか？

《ヒント》 ①「～を辞めなければならなかった」= had to leave ～
② Mary's husband を Mary whose husband に変える。

81.【名詞化-33】

- 基本 ▷ The bulldozer moves that huge rock.
- 変化 ▷ the bulldozer to move that huge rock
- 代入 ▷ The machine seems to be a little too small.
- 合成 ▷ **The bulldozer to move that huge rock** seems to be a little too small.

応用   **That dog to keep the gate** is a little too timid.
(門番をすべきあの犬はちょっと臆病すぎる)

82.【名詞化-34】

- 基本 ▷ Someone stared at you at the store.
- 変化 ▷ the one who stared at you at the store
- 代入 ▷ Did you forget **the guy on the stage**?
- 合成 ▷ Did you forget **the one who stared at you at the store**?

応用   **Those who enter through the back door** must be cheaters.
(裏門から入る人たちは詐欺師であるに違いありません)

83.【名詞化-35】

- 基本 ▷ Mary's husband suddenly had to leave his company.
- 変化 ▷ **Mary whose husband suddenly had to leave his company**
- 代入 ▷ Is **his sister** thinking of divorce?
- 合成 ▷ Is **Mary whose husband suddenly had to leave his company** thinking of divorce?

応用   **Bob whose wife vanished a few years ago** has to raise his children by himself.
(2〜3年前に妻が蒸発してしまったボブは、1人で子育てをしなければなりません)

STEP 4 「副詞化」その2

84.【副詞化-01】
無制限 / 54秒(7) / 46秒(5) / 38秒(3) / 30秒(1)

- **基本** 無意味におびえてはいけません。①
- **変化** 無意味におびえないために ②
- **代入** 私たちはもう少し津波のメカニズムを知るべきです。
- **合成** 私たちは無意味におびえないために、津波のメカニズムを知るべきです。

《ヒント》① 「無意味に」 = meaninglessly
② Don't を省き、be frightened を not to be frightened に。

85.【副詞化-02】
無制限 / 54秒(7) / 46秒(5) / 38秒(3) / 30秒(1)

- **基本** 引き出しにあるレポートを読んではいけません。
- **変化** 引き出しにあるレポートを読まずに ①
- **代入** 今朝上司は理由なくして彼を怒鳴りました。②
- **合成** 今朝上司は引き出しにあるレポートを読まずに彼を怒鳴りました。

《ヒント》① Don't read を without reading に変える。
② 「理由なくして」 = for no reason

86.【副詞化-03】
無制限 / 52秒(7) / 44秒(5) / 36秒(3) / 28秒(1)

- **基本** 私たちは彼のパワーに圧倒されました。①
- **変化** 彼のパワーに圧倒されたとき ②
- **代入** 突然聴衆全員が静かになりました。③
- **合成** 彼のパワーに圧倒されたとき聴衆全員が静かになりました。

《ヒント》① 「圧倒される」 = be overwhelmed
② We と were を省き、when を加える。
③ 「突然」 = all of a sudden

87.【副詞化-04】
無制限 / 50秒(7) / 42秒(5) / 34秒(3) / 26秒(1)

- **基本** 私は彼女を上司のガールフレンドと勘違いしました。①
- **変化** 私が彼女を上司のガールフレンドと勘違いしたとき ②
- **代入** ジェニファーは少しショックを受けました。③
- **合成** ジェニファーは、私が彼女を上司のガールフレンドと勘違いしたときショックを受けました。

《ヒント》① 「～を…と勘違いする」 = take ～ for ...
② 基本文の先頭に when を付けるだけ。
③ 「ショックを受ける」 = be shocked

STEP 4 「副詞化」その2

84.【副詞化-01】

- 基本: Don't be frightened meaninglessly.
- 変化: **not to be frightened meaninglessly**
- 代入: We should know the mechanism of a tsunami **a little more**.
- 合成: We should know the mechanism of a tsunami **not to be frightened meaninglessly**.
- 応用: What shall I do **to be your friend the rest of my life**?
  (一生あなたの友でいるためには何をしたらよいでしょうか？)

85.【副詞化-02】

- 基本: Don't read the report in the drawer.
- 変化: **without reading the report in the drawer**
- 代入: This morning, the boss yelled at him **for no reason**.
- 合成: This morning, the boss yelled at him **without reading the report in the drawer**.
- 応用: **Before getting home**, she went to that supermarket.
  (帰宅する前に、彼女はあのスーパーに行きました)

86.【副詞化-03】

- 基本: We were overwhelmed by his power.
- 変化: **when overwhelmed by his power**
- 代入: **All of a sudden**, all of the audience became silent.
- 合成: **When overwhelmed by his power**, all of the audience became silent.
- 応用: **When teased by his subordinates**, the boss was extremely discouraged.
  (部下たちにからかわれたとき、上司は極端に落胆しました)

87.【副詞化-04】

- 基本: I took her for my boss' girlfriend.
- 変化: **when I took her for my boss' girlfriend**
- 代入: Jennifer was shocked **a little**.
- 合成: Jennifer was shocked **when I took her for my boss' girlfriend**.
- 応用: **Because I love this job**, I probably will not retire so soon.
  (私はこの仕事が大好きなので、そんなに早くには引退しないつもりです)

88.【副詞化-05】

無制限 / 54 秒(7) / 46 秒(5) / 38 秒(3) / 30 秒(1)

- **基本** あなたが中国語を学んだことはよかったです。①
- **変化** たとえあなたが中国語を学んだことはよかったとしても ②
- **代入** 私たちの会社はそんなにすぐにはあなたを中国に派遣しないでしょう。
- **合成** たとえあなたが中国語を学んだことはよかったとしても、私たちの会社はあなたを中国に派遣しないでしょう。

《ヒント》① 「〜はよかった」= It was good that 〜
② 基本文の先頭に even if を付ける。

89.【副詞化-06】

無制限 / 52 秒(7) / 44 秒(5) / 36 秒(3) / 28 秒(1)

- **基本** その独特な臭いを追いなさい。①
- **変化** その独特な臭いを追いながら ②
- **代入** 朝早く、大きな熊たちがキャンプ場にやって来ました。
- **合成** その独特な臭いを追いながら、大きな熊たちがキャンプ場にやって来ました。

《ヒント》① 「独特な臭い」= distinctive smell
② Follow を following に変える。

90.【副詞化-07】

無制限 / 58 秒(7) / 50 秒(5) / 42 秒(3) / 34 秒(1)

- **基本** 子どもたちは恐ろしい風と吹雪に恐怖を覚えました。
- **変化** 恐ろしい風と吹雪に恐怖を覚え ①
- **代入** どういうわけか、婦人たちの何人かはその建物から去ろうとしません。
- **合成** 恐ろしい風と吹雪に恐怖を覚え、婦人たちの何人かはその建物から去ろうとしません。

《ヒント》① The children と were を省き、frightened で始める。

91.【副詞化-08】

無制限 / 50 秒(7) / 42 秒(5) / 34 秒(3) / 26 秒(1)

- **基本** あの子どもたちはどこに住んでいますか？
- **変化** あの子どもたちはどこに住んでも ①
- **代入** すぐに彼らは新しい文化に順応することでしょう。② ③
- **合成** あの子どもたちはどこに住んでも、新しい文化に順応することでしょう。

《ヒント》① do を省き、where を wherever に変える。
② 「〜に順応する」= get adjusted to 〜
③ 「〜することでしょう」= would 〜

88.【副詞化-05】

- 基本　It was good that you learned Chinese.
- 変化　even if it was good that you learned Chinese
- 代入　Our company won't send you to China **so soon**.
- 合成　Our company won't send you to China **even if it was good that you learned Chinese**.

応用　**Once you say you love her**, you can no longer betray her.
（あなたはいったん彼女が好きだと言えば、もはや彼女を裏切ることはできません）

89.【副詞化-06】

- 基本　Follow that distinctive smell.
- 変化　following that distinctive smell
- 代入　**Early in the morning**, big bears came to the camp site.
- 合成　**Following that distinctive smell**, big bears came to the camp site.

応用　**Talking about the children's education**, the husband raised his voice.
（子どもの教育について話しているとき、夫は声を張り上げました）

90.【副詞化-07】

- 基本　The children were frightened by the horrible wind and blizzard.
- 変化　frightened by the horrible wind and blizzard
- 代入　**Somehow**, some of the ladies wouldn't leave the building.
- 合成　**Frightened by the horrible wind and blizzard**, some of the ladies wouldn't leave the building.

応用　**Disappointed with the result**, he lost enthusiasm in his work.
（結果に失望し、彼は仕事に対する情熱を失いました）

91.【副詞化-08】

- 基本　Where do those children live?
- 変化　wherever those children live
- 代入　They would get adjusted to the new culture **quickly**.
- 合成　They would get adjusted to the new culture **wherever those children live**.

応用　**Whenever the father talks to his daughter**, he puts his hand on her shoulder.
（その父親は娘と話をするときはいつも、彼女の肩に手を置きます）

92.【副詞化-09】
無制限 / 50秒(7) / 42秒(5) / 34秒(3) / 26秒(1)

- 基本▷ 子どもたちは何で遊びますか？①
- 変化▷ 子どもたちが何で遊んでも②
- 代入▷ この国ではすべてのおもちゃは安全です。③
- 合成▷ 子どもたちが何で遊んでも、すべてのおもちゃは安全です。

《ヒント》①「〜で遊ぶ」= play with 〜
　　　　②do を省き、what を whatever に変える。
　　　　③「すべてのおもちゃ」= all the toys

93.【副詞化-10】
無制限 / 48秒(7) / 40秒(5) / 32秒(3) / 24秒(1)

- 基本▷ だれが学校に遅刻していますか？①
- 変化▷ だれが学校に遅刻しても②
- 代入▷ それではクラス全体が罰せられるでしょう。③
- 合成▷ だれが学校に遅刻してもクラス全体が罰せられるでしょう。

《ヒント》①「〜に遅刻する」= be late for 〜
　　　　②Who を whoever に変える。
　　　　③「罰せられる」= be punished

94.【副詞化-11】
無制限 / 46秒(7) / 38秒(5) / 30秒(3) / 22秒(1)

- 基本▷ あなたはどれほど静かに歩きますか？
- 変化▷ あなたがどれほど静かに歩いても①
- 代入▷ 赤ちゃんはまもなく目を覚ますことでしょう。②
- 合成▷ 赤ちゃんはあなたがどれほど静かに歩いても目を覚ますことでしょう。

《ヒント》①do を省き、how quietly を however quietly に変える。
　　　　②「まもなく」= before long

95.【副詞化-12】
無制限 / 48秒(7) / 40秒(5) / 32秒(3) / 24秒(1)

- 基本▷ あなたは英語をもっと速く話したほうがいいです。①
- 変化▷ あなたが英語を速く話せば話すほど②
- 代入▷ 時々あなたの声は大きくなります。
- 合成▷ あなたが英語を速く話せば話すほど、あなたの声は大きくなります。

《ヒント》①「〜したほうがよい」= had better 〜
　　　　②had better を省き、faster に the を加えて、これを先頭に置く。

92. 【副詞化-09】

- **基本**: What do the children play with?
- **変化**: whatever the children play with
- **代入**: All the toys are safe **in this country**.
- **合成**: All the toys are safe **whatever the children play with**.

応用　**Whatever you see in this room**, don't tell anybody anything.
（あなたがこの部屋で何を見ようとも、だれにも何も話してはいけません）

93. 【副詞化-10】

- **基本**: Who is late for school?
- **変化**: whoever is late for school
- **代入**: The whole class will be punished **then**.
- **合成**: The whole class will be punished **whoever is late for school**.

応用　**Whoever comes in and smiles at you**, don't open the package yet.
（だれが最初に入ってきてあなたに微笑んでも、まだその包みを開けてはいけません）

94. 【副詞化-11】

- **基本**: How quietly do you walk?
- **変化**: however quietly you walk
- **代入**: The baby would wake up **before long**.
- **合成**: The baby would wake up **however quietly you walk**.

応用　**However nicely you talk to the lady**, she would ignore your completely.
（あなたがその女性にどれだけ親切に語りかけても、彼女はあなたを完全に無視することでしょう）

95. 【副詞化-12】

- **基本**: You had better speak English faster.
- **変化**: the faster you speak English
- **代入**: **Sometimes** your voice becomes louder.
- **合成**: **The faster you speak English**, the louder your voice becomes.

応用　**The more toys you buy for your children**, the more spoiled they will be.
（あなたが子どもたちにおもちゃを買い与えれば与えるほど、彼らはわがままになるでしょう）

96.【副詞化-13】

無制限 / 60秒(7) / 52秒(5) / 44秒(3) / 36秒(1)

- 基本　その2人は両親の承諾なしで結婚するつもりです。①②
- 変化　その2人が両親の承諾なしで結婚しても ③
- 代入　そのような場合私たちはそんなにうれしくはないでしょう。
- 合成　その2人が両親の承諾なしで結婚しても、私たちはそんなにうれしくはないでしょう。

《ヒント》① 「結婚する」 = get married
② 「〜の承諾なしで」 = without 〜's approval
③ 基本文に that を加えるだけ。

スピーキングが上達する効果的な学習法

「基本」「変化」「代入」「合成」の展開の意味 (2)

　YouCanSpeak メソッドに習熟すると、「基本」「変化」「代入」「合成」の展開に慣れ、この4つのステップを踏むだけで、どのように複雑な複文でもいとも簡単に言えるようになる。

① My uncle recently bought the house.（基本）
② the house my uncle recently bought（変化＝名詞化）
③ This is a car.（代入先となる文）
④ **This is the house my uncle recently bought.**（合成＝本当に言いたい英文）
　「これは最近おじが購入した家である」

① How do you solve our financial dilemma?（基本）
　「あなたはどのようにして私たちの経済的ジレンマを解決しますか」
② how to solve our financial dilemma（変化＝不定詞化）
　「どのようにして私たちの経済的ジレンマを解決すべきか」
③ Please tell me your father's name.（代入先となる文）
　「あなたのお父さんの名前を教えてください」
④ **Please tell me how to solve our financial dilemma?**（合成＝本当に言いたい英文）
　「どのようにして私たちの経済的ジレンマを解決すべきかを教えてください」

　この訓練を繰り返し、応用力を身につけていけば、間違いなく思ったことが瞬間的に言えるようになる。

96.【副詞化-13】

- 基本: The couple will get married without their parents' approval.
- 変化: that the couple will get married without their parents' approval
- 代入: We won't be so happy **in such a case**.
- 合成: We won't be so happy **that the couple will get married without their parents' approval**.

STEP 5 「名詞化」その3

97.【名詞化-01】
無制限 / 46秒(7) / 38秒(5) / 30秒(3) / 22秒(1)

- 基本 ▶ 家内は一日中テレビを見ます。①
- 変化 ▶ 一日中テレビを見ること ②
- 代入 ▶ その仕事は何てストレスがたまることでしょう！
- 合成 ▶ 一日中テレビを見ることは何てストレスがたまることでしょう！

《ヒント》① 「一日中」 = all day long
② My wife を省き、watches を watching に変える。

98.【名詞化-02】
無制限 / 52秒(7) / 44秒(5) / 36秒(3) / 28秒(1)

- 基本 ▶ 友人は外国に1人でいます。
- 変化 ▶ 外国に1人でいること ①
- 代入 ▶ その結果は彼女にとってはもっと落胆的であったに違いありません。②
- 合成 ▶ 外国に1人でいることは、彼女にとってはもっと落胆的であったに違いありません。

《ヒント》① My friend を省き、is を being に変える。
② 「落胆的」 = discouraging

99.【名詞化-03】
無制限 / 58秒(7) / 50秒(5) / 42秒(3) / 34秒(1)

- 基本 ▶ その選手は両親の援助に頼らなければなりません。
- 変化 ▶ 両親の援助に頼ること ①
- 代入 ▶ 彼はそれを恥ずかしくまた屈辱的だと感じたに違いありません。
- 合成 ▶ 彼は両親の援助に頼ることを恥ずかしくまた屈辱的だと感じたに違いありません。

《ヒント》① The athlete と must を省き、depend on を to depend on にする。

100.【名詞化-04】
無制限 / 44秒(7) / 36秒(5) / 28秒(3) / 20秒(1)

- 基本 ▶ その女性は訪問客もなく孤独です。
- 変化 ▶ 訪問客もなく孤独でいること ①
- 代入 ▶ それは何てつまらないんでしょう！②
- 合成 ▶ 訪問客もなく孤独でいることは、何てつまらないんでしょう！

《ヒント》① The lady を省き、is を to be に変える。
② How boring is it? が How boring it is ! に変わる。

STEP 5 「名詞化」その3

97.【名詞化-01】

- 基本 ▶ My wife watches TV all day long.
- 変化 ▶ watching TV all day long
- 代入 ▶ How stressful **the work** is!
- 合成 ▶ How stressful **watching TV all day long** is!

応用　Isn't **living in Hawaii** your dream since childhood?
（ハワイに住むことがあなたの子どものときからの夢ではないのですか？）

98.【名詞化-02】

- 基本 ▶ My friend is in a foreign country alone.
- 変化 ▶ being in a foreign country alone
- 代入 ▶ The result must have been more discouraging to her.
- 合成 ▶ **Being in a foreign country alone** must have been more discouraging to her.

応用　I hate **being in such a mood** when people are around.
（人々がまわりにいるときに、そんな気分でいるのは大嫌いです）

99.【名詞化-03】

- 基本 ▶ The athlete must depend on his parents' support.
- 変化 ▶ to depend on his parents' support
- 代入 ▶ He must have felt **it** both embarrassing and humiliating.
- 合成 ▶ He must have felt **it** both embarrassing and humiliating **to depend on his parents' support**.

応用　**To spend that much money in this situation** is not a clever idea.
（こんな状況でそれだけ多くのお金を使うのは、賢い発想ではありません）

100.【名詞化-04】

- 基本 ▶ The lady is alone without any visitors.
- 変化 ▶ to be alone without any visitors
- 代入 ▶ How boring it is!
- 合成 ▶ How boring it is **to be alone without any visitors**!

応用　Isn't it wonderful **to be on this tropical island in the middle of winter**?
（真冬にこの熱帯の島にいるなんて、すてきではありませんか？）

101.【名詞化-05】
無制限 / 54秒(7) / 46秒(5) / 38秒(3) / 30秒(1)

- 基本》その男の人は英語に強い訛があります。①
- 変化》英語に強い訛がある男の人②
- 代入》このファイル中のどの申請書が、あなたの友人からのものでしたか？
- 合成》このファイル中のどの申請書が、英語に強い訛がある男の人からのものでしたか？

《ヒント》①「強い訛」= strong accent
② the man の後の has を省き、その代わりに with を加える。

102.【名詞化-06】
無制限 / 52秒(7) / 44秒(5) / 36秒(3) / 28秒(1)

- 基本》香奈はすでにお年玉をもらっています。①
- 変化》香奈がすでにもらっているお年玉②
- 代入》彼女の祖父母は彼女を甘やかすことでしょう。
- 合成》香奈がすでにもらっているお年玉は、彼女を甘やかすことでしょう。

《ヒント》①「お年玉」= the New Year's monetary gift
② Kana has 〜と the New Year's 〜が逆転。

103.【名詞化-07】
無制限 / 58秒(7) / 50秒(5) / 42秒(3) / 34秒(1)

- 基本》彼は婚約者のためにダイヤモンドのイヤリングと真珠のネックレスを買いました。
- 変化》彼の婚約者のために買うべきダイヤモンドのイヤリングと真珠のネックレス①
- 代入》その店には変わった品物がありました。
- 合成》その店には、彼の婚約者のために買うべきダイヤモンドのイヤリングと真珠のネックレスがありました。

《ヒント》① He を省き、bought を to buy に変え、for his fiancée の直前に置く。

104.【名詞化-08】
無制限 / 52秒(7) / 44秒(5) / 36秒(3) / 28秒(1)

- 基本》そのゲームソフトにはおまけが付いていました。
- 変化》おまけが付いてきたゲームソフト①
- 代入》その映画は期待はずれではなかったですよね？
- 合成》おまけが付いてきたゲームソフトは、期待はずれではなかったですよね？

《ヒント》① the game software を先頭に持ってくる。

101.【名詞化-05】

- **基本** > The man has a strong English accent.
- **変化** > the man with a strong English accent
- **代入** > Which application in this file was from **your friend**?
- **合成** > Which application in this file was from **the man with a strong English accent**?

応用　**The rock on the top of the mountain** looks like an old man.
（山頂にある岩は、老人のように見えます）

102.【名詞化-06】

- **基本** > Kana has received the New Year's monetary gift.
- **変化** > the New Year's monetary gift Kana has received
- **代入** > **Her grandparents** would spoil her.
- **合成** > **The New Year's monetary gift Kana has received** would spoil her.

応用　**The picture he painted in Spain** was sold at a high price in Paris.
（彼がスペインで描いた絵は、パリで高値で売れました）

103.【名詞化-07】

- **基本** > He bought diamond earrings and pearl necklaces for his fiancée.
- **変化** > diamond earrings and pearl necklaces to buy for his fiancée
- **代入** > In that store, there were **unusual items**.
- **合成** > In that store, there were **diamond earrings and pearl necklaces to buy for his fiancée**.

104.【名詞化-08】

- **基本** > A free gift came with the game software.
- **変化** > the game software a free gift came with
- **代入** > **The movie** wasn't disappointing, was it?
- **合成** > **The game software a free gift came with** wasn't disappointing, was it?

105.【名詞化-09】

無制限 / 54秒(7) / 46秒(5) / 38秒(3) / 30秒(1)

- **基本** 彼女はよくこの音楽を最も親しい従兄弟と一緒に奏でました。
- **変化** 彼女がよくこの音楽を一緒に奏でた最も親しい従兄弟 ①
- **代入** その男性はこのコンサートに来ていますか？
- **合成** 彼女がよくこの音楽を一緒に奏でた最も親しい従兄弟は、このコンサートに来ていますか？

《ヒント》① her closest cousin を先頭に持ってくる。play with の with は元の位置に残す。

106.【名詞化-10】

無制限 / 56秒(7) / 48秒(5) / 40秒(3) / 32秒(1)

- **基本** その暗号はしばらくの間秘密にされていました。
- **変化** しばらくの間秘密にされるべき暗号 ①
- **代入** 企画部長はあなたに、その手順を説明してありますよね？②
- **合成** 企画部長はあなたに、しばらくの間秘密にされるべき暗号について説明してありますよね？

《ヒント》① was kept を to be kept に変えるだけ。
② 「〜は説明してありますよね」＝〜 has explained 〜, hasn't he / she?

107.【名詞化-11】

無制限 / 50秒(7) / 42秒(5) / 34秒(3) / 26秒(1)

- **基本** あなたは今までのところ日本で何が一番気に入りましたか？
- **変化** あなたが今までのところ日本で何が一番気に入ったか ①
- **代入** あなたの婚約者の名前を、私たちに教えていただくわけにはいかないでしょうか？②
- **合成** あなたが今までのところ日本で何が一番気に入ったかを、私たちに教えていただくわけにはいかないでしょうか？

《ヒント》① did を省き、like を liked に。
② 「〜していただくわけにはいかないでしょうか」＝ Would you mind 〜ing

108.【名詞化-12】

無制限 / 44秒(7) / 36秒(5) / 28秒(3) / 20秒(1)

- **基本** あなたはお茶に何を入れますか？
- **変化** お茶に何を入れるか ①
- **代入** あなたはまだ私に真実を話していません。②
- **合成** あなたはまだ私に、お茶に何を入れるかを話していません。

《ヒント》① do と you を省き、put を to put に。
② 「まだ話していません」＝ have / has told 〜 yet

第2章 YouCanSpeak 実践トレーニング

105.【名詞化-09】

- 基本 > She often played this music with her closest cousin.
- 変化 > her closest cousin she often played this music with
- 代入 > Has **the gentleman** come to this concert?
- 合成 > Has **her closest cousin she often played this music with** come to this concert?
- 応用　**The river I used to swim in long time ago** is contaminated with drainage now.（私がずっと昔よく泳いだ川は、今は排水で汚染されています）

106.【名詞化-10】

- 基本 > The code was kept secret for a while.
- 変化 > the code to be kept secret for a while
- 代入 > The project manager has explained **the procedure** to you, hasn't he?
- 合成 > The project manager has explained **the code to be kept secret for a while** to you, hasn't he?
- 応用　Are these **the equations to be memorized before the examination**?
（これらは試験の前に暗記しなければならない方程式ですか？）

107.【名詞化-11】

- 基本 > What did you like best so far in Japan?
- 変化 > what you liked best so far in Japan
- 代入 > Would you mind telling us **your fiancé's name**?
- 合成 > Would you mind telling us **what you liked best so far in Japan**?
- 応用　**Which student the teacher favored the most** disturbed other students in her class.（先生がどの学生を最もひいきにしたかが、クラスの他の学生たち［の気持ち］をかき乱しました）

108.【名詞化-12】

- 基本 > What do you put in your tea?
- 変化 > what to put in your tea
- 代入 > You haven't told me **the truth** yet.
- 合成 > You haven't told me **what to put in your tea** yet.

109.【名詞化-13】
無制限 / 52秒(7) / 44秒(5) / 36秒(3) / 28秒(1)

- 基本 ▶ それらの学生は、他にだれの言うことを聞くのだろうか？
- 変化 ▶ それらの学生が、他にだれの言うことを聞くのだろうかということ①
- 代入 ▶ 彼女の年令を推測するのはかなり難しいです。②
- 合成 ▶ それらの学生が、他にだれの言うことを聞くのだろうかということを推測するのはかなり難しいです。

《ヒント》① would と those students の順序を逆転。
② 「～するのは難しい」 ＝ It is difficult to ～

110.【名詞化-14】
無制限 / 52秒(7) / 44秒(5) / 36秒(3) / 28秒(1)

- 基本 ▶ あなたとあなたのパートナーは何に投資しますか？
- 変化 ▶ 何に投資すべきか①
- 代入 ▶ タイミングは、金額より重要です。②
- 合成 ▶ 何に投資すべきかは、金額より重要です。

《ヒント》① do と you and ～ を省き、invest in を to invest in に。
② 「金額」 ＝ amount of money

111.【名詞化-15】
無制限 / 56秒(7) / 48秒(5) / 40秒(3) / 32秒(1)

- 基本 ▶ そのバイヤーはいつどのようにアメリカに向けて出発しましたか？①
- 変化 ▶ そのバイヤーがいつどのようにアメリカに向けて出発したか
- 代入 ▶ この会社で働いている人たちは…確かなことはよくわかりません。
- 合成 ▶ この会社で働いている人たちは、そのバイヤーがいつどのようにアメリカに向けて出発したか、確かなことはよくわかりません。

《ヒント》① 「アメリカに向けて出発する」 ＝ leave for America

112.【名詞化-16】
無制限 / 52秒(7) / 44秒(5) / 36秒(3) / 28秒(1)

- 基本 ▶ 私たちはいかにしてイチローや松井のようになれるでしょうか？①
- 変化 ▶ いかにしてイチローや松井のようになれるか②
- 代入 ▶ その先生は彼らに簿記を教えてきました。
- 合成 ▶ その先生は彼らに、いかにしてイチローや松井のようになれるかを教えてきました。

《ヒント》① 「～のようになる」 ＝ be like ～
② can と we を省き、be like を to be like に。

109.【名詞化-13】

- 基本 ▷ Who else would those students listen to?
- 変化 ▷ who else those students would listen to
- 代入 ▷ It is rather difficult to guess **her age**.
- 合成 ▷ It is rather difficult to guess **who else those students would listen to**.

応用　Does any one have any idea **what to wash out such a stain with**?
（そのようなしみを何で洗い落としたらいいのか、だれか知っていますか？）

110.【名詞化-14】

- 基本 ▷ What do you and your partner invest in?
- 変化 ▷ what to invest in
- 代入 ▷ **Timing** is more important than the amount of money.
- 合成 ▷ **What to invest in** is more important than the amount of money.

応用　**Who to cooperate with in this enterprise** would determine the result.
（この企画ではだれと協力するかが、その結果を左右するでしょう）

111.【名詞化-15】

- 基本 ▷ When and how did the buyer leave for America?
- 変化 ▷ when and how the buyer left for America
- 代入 ▷ People working in this office are not so sure … .
- 合成 ▷ People working in this office are not so sure **when and how the buyer left for America**.

応用　You must be more sensitive to **when and where you meet the President**.
（あなたがいつどこで大統領に会うかにもっと神経を使わなくてはなりません）

112.【名詞化-16】

- 基本 ▷ How can we be like Ichiro or Matsui?
- 変化 ▷ how to be like Ichiro or Matsui
- 代入 ▷ The teacher has taught them **bookkeeping**.
- 合成 ▷ The teacher has taught them **how to be like Ichiro or Matsui**.

応用　It all depends on **when to go to America for further study**.
（すべては、さらに研究を進めるためにいつアメリカに行くかによります）

113.【名詞化-17】
無制限 / 52 秒(7) / 44 秒(5) / 36 秒(3) / 28 秒(1)

- **基本** 彼は偶然その店で従兄弟に会いました。①
- **変化** 彼が偶然従兄弟に会った店 ②
- **代入** 彼女はその秘密を知っていましたよね？
- **合成** 彼女は彼が偶然従兄弟に会った店を知っていましたよね？

《ヒント》①「偶然」= accidentally
② in を省き、the store を先頭に持ってくる。そして the store のあとに where を付ける。

114.【名詞化-18】
無制限 / 54 秒(7) / 46 秒(5) / 38 秒(3) / 30 秒(1)

- **基本** 新しい秘書はどのくらいの身長でどれほど美しいですか？
- **変化** 新しい秘書がどのくらいの身長でどれほど美しいか ①
- **代入** あなたは彼にこの最後のポイントを質問したほうがいいですよ。②
- **合成** あなたは彼に、新しい秘書がどのくらいの身長でどれほど美しいかを質問したほうがいいですよ。

《ヒント》① is the new secretary の語順を the new secretary is に。
②「～したほうがよい」= had better ～

115.【名詞化-19】
無制限 / 60 秒(7) / 52 秒(5) / 44 秒(3) / 36 秒(1)

- **基本** 彼女はどれほどすばやくそしてこぎれいにこれらの物を詰め込みましたか？①
- **変化** どれほどすばやく、こぎれいにこれらの物を詰め込むべきか ②
- **代入** このビジネスでは価格が最も重要ですか？
- **合成** このビジネスでは、どれほどすばやくそしてこぎれいにこれらの物を詰め込むかが、最も重要ですか？

《ヒント》①「こぎれいに」= neatly ／② did と she を省き、pack を to pack に。

116.【名詞化-20】
無制限 / 60 秒(7) / 52 秒(5) / 44 秒(3) / 36 秒(1)

- **基本** その歩行者は真夜中に暗い通りを横切っていました。①
- **変化** 真夜中に暗い通りを横切っていた歩行者 ②
- **代入** 旅行者は1人残らず死ぬほど怖い思いをしました。
- **合成** 真夜中に暗い通りを横切っていた歩行者は、死ぬほど怖い思いをしました。

《ヒント》①「歩行者」= pedestrian ／② was を省く。

113.【名詞化-17】

- 基本　He accidentally met his cousin in the store.
- 変化　the store where he accidentally met his cousin
- 代入　She knew **the secret**, didn't she?
- 合成　She knew **the store where he accidentally met his cousin**, didn't she?

応用　**The reason (why) everyone calls him "Tiger"** is not certain, is it?
（なぜみんなが彼を「トラ」と呼ぶのかは確かではないですよね？）

114.【名詞化-18】

- 基本　How tall and beautiful is the new secretary?
- 変化　how tall and beautiful the new secretary is
- 代入　You had better ask him **this last point**.
- 合成　You had better ask him **how tall and beautiful the new secretary is**.

応用　I first didn't know **how close England was to France**.
（私は最初、イギリスがフランスにどれほど近いかを知りませんでした）

115.【名詞化-19】

- 基本　How quickly and neatly did she pack all these things?
- 変化　how quickly and neatly to pack all these things
- 代入　Is **the price** the most critical in this business?
- 合成　Is **how quickly and neatly to pack all these things** the most critical in this business?

応用　Journalists all know the importance of **how fast and accurately to write the report**.（ジャーナリストたちは皆、いかに速くまた正確にレポートを書くべきかの重要性を知っています）

116.【名詞化-20】

- 基本　The pedestrian was crossing a dark street in the middle of the night.
- 変化　the pedestrian crossing a dark street in the middle of the night
- 代入　**Every single tourist** got scared to death.
- 合成　**The pedestrian crossing a dark street in the middle of the night** got scared to death.

117.【名詞化-21】
無制限 / 50秒(7) / 42秒(5) / 34秒(3) / 26秒(1)

- **基本** 小さな男の子は雷におびえました。①
- **変化** 雷におびえた小さな男の子 ②
- **代入** 赤ちゃんは、叫び声をあげ続けましたよね？
- **合成** 雷におびえた小さな男の子は、叫び声をあげ続けましたよね？

《ヒント》① 「～におびえる」＝ be frightened by ～
② was を省く。

118.【名詞化-22】
無制限 / 54秒(7) / 46秒(5) / 38秒(3) / 30秒(1)

- **基本** 私たちが時折朝食を抜くことはいいことです。①
- **変化** 私たちが時折朝食を抜くことはいいことだと ②
- **代入** だれがあなたにそんなばかげたことを言ったのですか？
- **合成** だれがあなたに私たちが時折朝食を抜くことはいいことだと言ってのけたのですか？

《ヒント》① 「時折」＝ once in a while
② 基本文の先頭に that を付けるだけ。

119.【名詞化-23】
無制限 / 56秒(7) / 48秒(5) / 40秒(3) / 32秒(1)

- **基本** ジョンは花子にほれたようです。①
- **変化** 「ジョンは花子にほれたようです」②
- **代入** ジョンのガールフレンドは悲しげに、「どうしてそんなことがありえるの？」と言いました。
- **合成** ジョンのガールフレンドは悲しげに、「ジョンは花子にほれたようです」と言いました。

《ヒント》① 「～にほれる」＝ fall in love with ～
② 基本文を " " でくくるだけ。発音上の変化はない。

120.【名詞化-24】
無制限 / 56秒(7) / 48秒(5) / 40秒(3) / 32秒(1)

- **基本** あの5日間の会議は出席する価値がありました。
- **変化** あの5日間の会議が出席する価値があったかどうか ①
- **代入** 私たちのほとんどは、その女性の年齢を質問することをためらいました。
- **合成** 私たちのほとんどは、あの5日間の会議が出席する価値があったかどうかを質問することをためらいました。

《ヒント》① 基本文の先頭に if を追加。最後に or not を付けることもある。

117.【名詞化-21】

- 基本 ▷ The little boy was frightened by the thunder.
- 変化 ▷ the little boy frightened by the thunder
- 代入 ▷ The baby kept screaming, didn't he?
- 合成 ▷ The little boy frightened by the thunder kept screaming, didn't he?

118.【名詞化-22】

- 基本 ▷ It is good for us to skip breakfast once in a while.
- 変化 ▷ (that) it is good for us to skip breakfast once in a while
- 代入 ▷ Who has told you such a stupid thing?
- 合成 ▷ Who has told you (that) it is good for us to skip breakfast once in a while?

応用 　The company announced that everyone would get a raise the following fiscal year.（会社は、次の会計年度には全員がベースアップするだろうと発表しました）

119.【名詞化-23】

- 基本 ▷ It seems that John fell in love with Hanako.
- 変化 ▷ "It seems that John fell in love with Hanako."
- 代入 ▷ John's girlfriend sadly said, "How can it be?"
- 合成 ▷ John's girlfriend sadly said, "It seems that John fell in love with Hanako."

120.【名詞化-24】

- 基本 ▷ That 5-day conference was worth attending.
- 変化 ▷ if that 5-day conference was worth attending
- 代入 ▷ Most of us hesitated to ask the lady's age.
- 合成 ▷ Most of us hesitated to ask if that 5-day conference was worth attending.

応用 　**If you pass the bar examination or not** depends on your willingness.
（あなたが司法試験に受かるかどうかは、あなたのやる気次第です）

121.【名詞化-25】

無制限 / 50秒(7) / 42秒(5) / 34秒(3) / 26秒(1)

- 基本　そのどこがそんなに信じがたいのですか？①
- 変化　そのどこがそんなに信じがたいのか ②
- 代入　あなたは彼女の旧姓を本当に知りたいのですか？
- 合成　あなたはそのどこがそんなに信じがたいのかを、本当に知りたいのですか？

《ヒント》①「そんなに信じがたい」= so incredible
②基本文とまったく同じ。

122.【名詞化-26】

無制限 / 46秒(7) / 38秒(5) / 30秒(3) / 22秒(1)

- 基本　あの大きく不快な音は何でしたか？①
- 変化　あの大きく不快な音が何であった ②
- 代入　あなたは彼女が今幸せだと思いますか？
- 合成　あなたはあの大きく不快な音が何であったと思いますか？

《ヒント》①「不快な音」= unpleasant sound
② was と that 〜の語順を逆転。

123.【名詞化-27】

無制限 / 56秒(7) / 48秒(5) / 40秒(3) / 32秒(1)

- 基本　それは全地域に停電を引き起こしました。①
- 変化　全地域に停電を引き起こした原因 ②
- 代入　スマトラ地震は最大のなぞとして残りました。③
- 合成　全地域に停電を引き起こした原因は、最大のなぞとして残りました。

《ヒント》①「停電」= power cut
② It を what に変える。
③「〜として残る」= remain 〜

124.【名詞化-28】

無制限 / 58秒(7) / 50秒(5) / 42秒(3) / 34秒(1)

- 基本　彼らはそれを東北の富士山と考えているかもしれません。
- 変化　彼らが東北の富士山と考えているかもしれないもの ①
- 代入　あそこにある一番高い山が、私たちの村の目印です。②
- 合成　あそこにある一番高い山が、彼らが東北の富士山と考えているかもしれないものです。

《ヒント》① it を what に変え、先頭に持ってくる。what は「何」ではない。
②「目印」= landmark

121. 【名詞化-25】

- **基本**　What is so incredible about it?
- **変化**　what is so incredible about it
- **代入**　Do you really want to find out her maiden name?
- **合成**　Do you really want to find out what is so incredible about it?

応用　We really don't know **who was satisfied with her performance**.
（私たちはだれが彼女の演奏に満足したのかはよくわかりません）

122. 【名詞化-26】

- **基本**　What was that big and unpleasant sound?
- **変化**　what that big and unpleasant sound was
- **代入**　Do you think she is happy now?
- **合成**　**What** do you think **that big and unpleasant sound was**?

応用　Do you have any idea **what that round thing over the cloud is**?
（あなたはあの雲の上の丸い物が何であるのか見当がつきますか？）

123. 【名詞化-27】

- **基本**　It caused the power cut in the whole region.
- **変化**　what caused the power cut in the whole region
- **代入**　The Sumatra earthquake remained the greatest mystery.
- **合成**　**What caused the power cut in the whole region** remained the greatest mystery.

応用　**What appeared from behind the curtain** frightened everyone in the room.
（カーテンの後ろから現れたものは、部屋にいたすべての人をおびえさせました）

124. 【名詞化-28】

- **基本**　They may consider it the Mt. Fuji of Tohoku.
- **変化**　what they may consider the Mt. Fuji of Tohoku
- **代入**　The highest mountain over there is the landmark of our village.
- **合成**　The highest mountain over there is **what they may consider the Mt. Fuji of Tohoku**.

応用　The thing on the shelf is **what my mother may buy for her aunt's birthday**
（棚の上にあるものが、母が彼女の叔母さんの誕生日のために買うかもしれないものです）

125.【名詞化-29】

無制限 / 46 秒(7) / 38 秒(5) / 30 秒(3) / 22 秒(1)

- **基本** 彼らは何かを見ています。
- **変化** 彼らが見ている物 ①
- **代入** それは彼らに何らかのヒントを与えるかもしれません。②
- **合成** 彼らが見ている物は、彼らに何らかのヒントを与えるかもしれません。

《ヒント》① something を what に変えて先頭に置く。looking at の at は元の位置に残る。
　　　　　 what は「何」の意味ではない。
　　　　② 「ヒント」= hint または clue

126.【名詞化-30】

無制限 / 54 秒(7) / 46 秒(5) / 38 秒(3) / 30 秒(1)

- **基本** 彼はだれが賢くまた信頼できると思ったのですか？
- **変化** 賢くまた信頼できると彼が思った人はだれでも ①
- **代入** 私たちの社長は多くの若者を雇いましたよね？②
- **合成** 私たちの社長は、賢くまた信頼できると彼が思った人はだれでも雇いましたよね？

《ヒント》① who を whoever に変え、did を省き、find を found にする。
　　　　② 「…は〜を雇いましたよね？」= ... hired 〜, didn't he / she?

127.【名詞化-31】

無制限 / 54 秒(7) / 46 秒(5) / 38 秒(3) / 30 秒(1)

- **基本** だれが毎日料理することにあきあきしていますか？①
- **変化** だれでも毎日料理することにあきあきしている人 ②
- **代入** あなた方の出前サービスは、働く婦人たちのためですよね？
- **合成** あなた方の出前サービスは、だれでも毎日料理することにあきあきしている人のためですよね？

《ヒント》① 「〜にあきあきしている」= be tired of 〜
　　　　② Who を whoever に変えるだけ。

128.【名詞化-32】

無制限 / 60 秒(7) / 52 秒(5) / 44 秒(3) / 36 秒(1)

- **基本** 彼のお母さんの死は、彼が海外に行く妨げになっています。①
- **変化** 彼が海外に行く妨げになっているお母さまの死 ②
- **代入** それは彼にとって大きなショックでしたか？
- **合成** 彼が海外に行く妨げになっているお母さまの死は、彼にとって大きなショックでしたか？

《ヒント》① 「〜が行く妨げになる」= prevent 〜 from going
　　　　② His mother's death と has prevented の間に which を挿入。

125.【名詞化-29】

- 基本 They are looking at something.
- 変化 what they are looking at
- 代入 It may give them some kind of clue.
- 合成 **What they are looking at** may give them some kind of clue.

応用 **What we are talking about now** must be kept secret until next month.
（今私たちが話している内容は、来月まで秘密にしておかなければなりません）

126.【名詞化-30】

- 基本 Who did he find clever and trustworthy?
- 変化 whoever he found clever and trustworthy
- 代入 Our president hired **a lot of young men**, didn't he?
- 合成 Our president hired **whoever he found clever and trustworthy**, didn't he?

127.【名詞化-31】

- 基本 Who is tired of cooking everyday?
- 変化 whoever is tired of cooking everyday
- 代入 Your catering service is for **working ladies**, isn't it?
- 合成 Your catering service is for **whoever is tired of cooking everyday**, isn't it?

応用 The city has decided to remove **whatever is blocking pedestrians on the sidewalk**.（市は歩道上で歩行者を妨害しているものは何であれ排除することに決めた）

128.【名詞化-32】

- 基本 His mother's death has prevented him from going abroad.
- 変化 his mother's death which has prevented him from going abroad
- 代入 Was **it** a great shock to him?
- 合成 Was **his mother's death which has prevented him from going abroad** a great shock to him?

応用 Haven't you met **the gentleman who visited my office yesterday**?
（あなたは、昨日私のオフィスを訪問した男性に会ったことがないのですか？）

129.【名詞化-33】
無制限 / 54秒(7) / 46秒(5) / 38秒(3) / 30秒(1)

- 基本 ▶ そのヘリコプターは屋上にいるあの人たち全員を救出することでしょう。①
- 変化 ▶ 屋上にいるあの人たち全員を救出すべきヘリコプター ②
- 代入 ▶ だれもその変化に気づきませんでした。
- 合成 ▶ だれも屋上にいるあの人たち全員を救出すべきヘリコプターに気づきませんでした。

《ヒント》①「～を救い出すことでしょう」＝ would rescue ～
②would を省き、rescue を to rescue に。

130.【名詞化-34】
無制限 / 54秒(7) / 46秒(5) / 38秒(3) / 30秒(1)

- 基本 ▶ 彼らは幼稚園で私に微笑みかけました。
- 変化 ▶ 幼稚園で私に微笑みかけた人たち ①
- 代入 ▶ 私はあの5週間のキャンペーンのことを、すっかり忘れていました。②
- 合成 ▶ 私は幼稚園で私に微笑みかけた人たちのことを、すっかり忘れていました。

《ヒント》① They を those who に変える。
②「～を忘れていた」＝ have/has forgotten ～

131.【名詞化-35】
無制限 / 54秒(7) / 46秒(5) / 38秒(3) / 30秒(1)

- 基本 ▶ あなたの先生のお父様は在イタリア大使でした。①
- 変化 ▶ お父様が在イタリア大使であったあなたの先生 ②
- 代入 ▶ その学生はどれほど興奮していましたか？
- 合成 ▶ お父様が在イタリア大使であったあなたの先生は、どれほど興奮していましたか？

《ヒント》①「在イタリア大使」＝ an ambassador to Italy
② Your teacher's father を Your teacher whose father に。

129. 【名詞化-33】

- 基本 ⟩ The helicopter would rescue all those people on the roof.
- 変化 ⟩ the helicopter to rescue all those people on the roof
- 代入 ⟩ Nobody noticed the change.
- 合成 ▶ Nobody noticed the helicopter to rescue all those people on the roof.

130. 【名詞化-34】

- 基本 ⟩ They smiled at me in the kindergarten.
- 変化 ⟩ those who smiled at me in the kindergarten
- 代入 ⟩ I have completely forgotten that 5-week campaign.
- 合成 ▶ I have completely forgotten those who smiled at me in the kindergarten.

応用　**Those who were jobless** could get food free from any grocery stores.
（仕事のない人たちはだれでも、どの食料品店からでも食べ物を無料でもらうことができました）

131. 【名詞化-35】

- 基本 ⟩ Your teacher's father was the ambassador to Italy.
- 変化 ⟩ your teacher whose father was the ambassador to Italy
- 代入 ⟩ How excited was the student?
- 合成 ▶ How excited was your teacher whose father was the ambassador to Italy?

応用　**My friend whose grandfather was the Prime Minister of Japan** has no interest in politics.（おじい様が日本の首相であった私の友人は、政治にはまったく関心がありません）

STEP 6 「副詞化」その3

132.【副詞化-01】
無制限 / 54 秒(7) / 46 秒(5) / 38 秒(3) / 30 秒(1)

- 基本　私は技師か科学者を探していました。①
- 変化　技師か科学者を探すために ②
- 代入　だれが朝一番に実験室に入っていきましたか?
- 合成　だれが技師か科学者を探すために、実験室に入っていきましたか?

《ヒント》①「…か〜を / は」= either ... or 〜
② I と was を省き、looking を look としその前に to を付ける。

133.【副詞化-02】
無制限 / 60 秒(7) / 52 秒(5) / 44 秒(3) / 36 秒(1)

- 基本　私たちは彼女にお父様の本当の話をしませんでした。
- 変化　彼女にお父さまの本当の話をしないことにより①
- 代入　私たちはこのようにして最も微妙な問題を避けてきました。②
- 合成　私たちは彼女にお父様の本当の話をしないことにより、最も微妙な問題を避けてきました。

《ヒント》① We と didn't を省き、tell を telling にし、その前に by not を追加。
②「最も微妙な問題」= the most sensitive problem

134.【副詞化-03】
無制限 / 52 秒(7) / 44 秒(5) / 36 秒(3) / 28 秒(1)

- 基本　最善策が委員会に否定されました。
- 変化　委員会に否定されたあと ①
- 代入　彼はいやいやながらセールス戦略を書き直しました。②
- 合成　彼は委員会に否定されたあと、セールス戦略を書き直しました。

《ヒント》① The best plan と was を省略し、denied の前に after を挿入。
②「いやいやながら」= reluctantly

135.【副詞化-04】
無制限 / 54 秒(7) / 46 秒(5) / 38 秒(3) / 30 秒(1)

- 基本　息子は髪を短く切ってもらいました。①
- 変化　息子が髪を短く切ってもらうまでは ②
- 代入　近所の半数以上の人たちは、しばらくの間彼を女の子と勘違いしました。
- 合成　近所の半数以上の人たちは、息子が髪を短く切ってもらうまでは、彼を女の子と勘違いしました。

《ヒント》①「〜を短く切ってもらう」= have 〜 cut short
② 基本文の先頭に until を付ける。

STEP 6 「副詞化」その3

132.【副詞化-01】
- 基本 ▷ I was looking for either an engineer or a scientist.
- 変化 ▷ to look for either an engineer or a scientist
- 代入 ▷ Who went into the lab **the earliest in the morning**?
- 合成 ▷ Who went into the lab **to look for either an engineer or a scientist**?

133.【副詞化-02】
- 基本 ▷ We didn't tell her the true story of her father.
- 変化 ▷ **by not telling her the true story of her father**
- 代入 ▷ We have avoided the most sensitive problem **in this way**.
- 合成 ▷ We have avoided the most sensitive problem **by not telling her the true story of her father**.

応用　Can't you wear all these clothes **by losing your weight 10%**?（あなたは10％体重を落とすことにより、これらすべての洋服が着られるのではありませんか？）

134.【副詞化-03】
- 基本 ▷ The best plan was denied by the committee.
- 変化 ▷ after denied by the committee
- 代入 ▷ He re-wrote the sales strategy **reluctantly**.
- 合成 ▷ He re-wrote the sales strategy **after it was denied by the committee**.

135.【副詞化-04】
- 基本 ▷ My son had his hair cut short.
- 変化 ▷ until my son had his hair cut short
- 代入 ▷ More than half of our neighbors took him for a girl **for a while**.
- 合成 ▷ More than half of our neighbors took him for a girl **until my son had his hair cut short**.

応用　**Because my wife doesn't share her pain with me**, I don't know how to comfort her.（家内が自分の痛みを私と分かち合わないので、私は彼女をどう慰めてよいのかわかりません）

136.【副詞化-05】
無制限 / 54秒(7) / 46秒(5) / 38秒(3) / 30秒(1)

- 基本 　私たちは彼らの苦悩と痛みがわかります。①
- 変化 　彼らの苦悩と痛みがひとたびわかれば ②
- 代入 　とにかく、私たちは彼らにそんなことは決して言えません。
- 合成 　彼らの苦悩と痛みがひとたびわかれば、私たちは彼らにそんなことは決して言えません。

《ヒント》①「苦悩と痛み」＝ agony and pain
②基本文の先頭に once を付ける。

137.【副詞化-06】
無制限 / 50秒(7) / 42秒(5) / 34秒(3) / 26秒(1)

- 基本 　その鳥はがけの上を飛んでいました。①
- 変化 　がけの上を飛びながら ②
- 代入 　やがて鷲は地上に2〜3匹のハツカネズミを見つけました。
- 合成 　がけの上を飛びながら、鷲は地上に2〜3匹のハツカネズミを見つけました。

《ヒント》①「〜の上を飛ぶ」＝ fly over 〜
② The bird と was を省く。

138.【副詞化-07】
無制限 / 52秒(7) / 44秒(5) / 36秒(3) / 28秒(1)

- 基本 　彼らは彼のことばで浮き立つような高揚を感じました。①
- 変化 　彼のことばで浮き立つような高揚を感じ ②
- 代入 　その夜、病人たちは力を取り戻しました。
- 合成 　彼のことばで浮き立つような高揚を感じ、病人たちは力を取り戻しました。

《ヒント》①「浮き立つような高揚を感じる」＝ be utterly uplifted
② They と were を省く。

139.【副詞化-08】
無制限 / 48秒(7) / 40秒(5) / 32秒(3) / 24秒(1)

- 基本 　あなたは次の映画をどこで撮影しますか？①
- 変化 　あなたが次の映画をどこで撮影しても ②
- 代入 　とにかく、それはあなたに莫大な負担となることでしょう。
- 合成 　あなたが次の映画をどこで撮影しても、それはあなたに莫大な負担となることでしょう。

《ヒント》①「撮影する」＝ film
② do を省き、where を wherever に。

136. 【副詞化-05】

- 基本 ▷ We understand their agony and pain.
- 変化 ▷ once we understand their agony and pain
- 代入 ▷ Anyway, we can never say such a thing to them.
- 合成 ▷ **Once we understand their agony and pain**, we can never say such a thing to them.

応用 **Unless you open up your mind to us**, we cannot give you any advice.
（あなたが私たちに心を開かなければ、何のアドバイスを差し上げることもできません）

137. 【副詞化-06】

- 基本 ▷ The bird was flying over the cliff.
- 変化 ▷ flying over the cliff
- 代入 ▷ Eventually, the eagle spotted a few mice on the ground.
- 合成 ▷ **Flying over the cliff**, the eagle spotted a few mice on the ground.

応用 **Waiting for my girlfriend at the station**, I fell sound asleep.
（駅でガールフレンドを待っていながら、私はぐっすり眠ってしまいました）

138. 【副詞化-07】

- 基本 ▷ They were utterly uplifted by his words.
- 変化 ▷ utterly uplifted by his words
- 代入 ▷ On that night, the sick re-gained their strength.
- 合成 ▷ **Utterly uplifted by his words**, the sick re-gained their strength.

応用 **Hit by the drunken driver**, my brother lost his memory.
（酒酔い運転手にひかれて、弟は記憶喪失になりました）

139. 【副詞化-08】

- 基本 ▷ Where do you film your next movie?
- 変化 ▷ wherever you film your next movie
- 代入 ▷ It would cost you a fortune **any way**.
- 合成 ▷ It would cost you a fortune **wherever you film your next movie**.

応用 **However you wash this dirty floor**, you wouldn't be able to clean it.
（あなたがどんなにこの汚い床を洗っても、それをきれいにすることなどできないでしょう）

140.【副詞化-09】
無制限 / 50秒(7) / 42秒(5) / 34秒(3) / 26秒(1)

- **基本** あなたはどちらを選んで買いますか？
- **変化** あなたがどちらを選んで買っても ①
- **代入** とにかくそれはそんなに問題ではありませんよね？ ②
- **合成** あなたがどちらを選んで買っても、それはそんなに問題ではありませんよね？

《ヒント》① do を省き、which を whichever に。
② 「～は問題ではありませんよね？」 = ～ doesn't matter, does it?

141.【副詞化-10】
無制限 / 56秒(7) / 48秒(5) / 40秒(3) / 32秒(1)

- **基本** どちらがより大きな興味を社長に抱かせますか？ ①
- **変化** どちらがより大きな興味を社長に抱かせても ②
- **代入** この部署では人事のことでいくつかの難点があります。
- **合成** どちらがより大きな興味を社長に抱かせても、人事のことでいくつかの難点があります。

《ヒント》① 「～に興味を持たせる」 = interest ～
② Which を whichever に変え、そのあとに may を付ける。may がなくても可。その場合 interest は interests に。

142.【副詞化-11】
無制限 / 54秒(7) / 46秒(5) / 38秒(3) / 30秒(1)

- **基本** その新入社員はどれほどの才能があるのですか？ ①
- **変化** その新入社員がどれほどの才能があっても ②
- **代入** 当然ながら、彼は下働きから始めるべきです。
- **合成** その新入社員がどれほどの才能があっても、彼は下働きから始めるべきです。

《ヒント》① 「どれほどの才能」 = how talented
② How talented を However talented に変え、is と the new employee の語順を逆転させる。

143.【副詞化-12】
無制限 / 52秒(7) / 44秒(5) / 36秒(3) / 28秒(1)

- **基本** 彼の娘はより美しくなりました。
- **変化** 彼の娘が美しくなればなるほど ①
- **代入** 当然ながら、父親はもっと保護的になりました。 ②
- **合成** 娘が美しくなればなるほど、父親はもっと保護的になりました。

《ヒント》① more beautiful を先頭に持ってきて、その前に the を付ける。
② 「もっと保護的」 = more protective

140. 【副詞化-09】

- **基本** Which do you choose and buy?
- **変化** whichever you choose and buy
- **代入** Anyway, it doesn't matter so much, does it?
- **合成** **Whichever you choose and buy**, it doesn't matter so much, does it?

応用 **Whoever may persuade him on this matter**, he would never listen to that person.（この件でだれが彼を説得しようが、彼は決してその人物の言うことを聞かないでしょう）

141. 【副詞化-10】

- **基本** Which interests the president more?
- **変化** whichever may interest the president more
- **代入** There is some difficulty in personnel affairs **in this department**.
- **合成** There is some difficulty in personnel affairs **whichever may interest the president more**.

142. 【副詞化-11】

- **基本** How talented is the new employee?
- **変化** however talented the new employee is
- **代入** Naturally, he should start with subordinate works.
- **合成** **However talented the new employee is**, he should start with subordinate works.

応用 **However smart your son may be**, he wouldn't be able to solve this problem.（あなたの息子さんがどれだけ頭がよくても、この問題は解けないでしょう）

143. 【副詞化-12】

- **基本** His daughter became more beautiful.
- **変化** the more beautiful his daughter became
- **代入** Naturally, the father got more protective.
- **合成** **The more beautiful his daughter became**, the more protective the father got.

応用 **The darker the street is**, the more dangerous it is for ladies and children.（その道が暗ければ暗いほど、女性や子どもたちにとって危険です）

144.【副詞化-13】

無制限 / 52 秒(7) / 44 秒(5) / 36 秒(3) / 28 秒(1)

- 基本 ▶ 彼らは予定どおりにコンサートを開きました。①
- 変化 ▶ 彼らが予定どおりにコンサートを開いたので ②
- 代入 ▶ 私はそれを聞いてうれしいですし、またほっとしてもいます。
- 合成 ▶ 私は彼らが予定どおりにコンサートを開いたので、うれしいですし、またほっとしてもいます。

《ヒント》 ①「予定どおりに」= as scheduled
② 基本文の先頭に that を付けるだけ。

スピーキングが上達する効果的な学習法

習得すべき内容の順序

　英会話の学びと称して、いろいろなイディオムやことわざばかりを教える先生方がいる。英語のイディオムやことわざは、学ぶ側を感心させたり、びっくりさせたり、あるいは無知だったことを認識させる力がある。でも英語を自由に話せない人たちにいくら多くのイディオムやことわざを教えても、ほとんど何の役にも立たず、教える先生の自己満足に終わってしまう。

　英語をまだ話せない人たちが最初に習得すべきものは、イディオムやことわざではない。英語を自由に話せるようになるためには、習得すべき内容の順序がある。アメリカ人の子どもは、5歳にもなれば何不自由なく英語を話すようになっている。子どもが大人の会話についていくのが難しい唯一のケースは、会話の内容が大人の領域に属するときだけである。話題が大人向きであったり、使われる単語が子どもの世界を超えるものであったり、格言やイディオムが使われた場合、子どもは大人の会話から取り残される。でもそれ以外の会話であるなら、子どもは驚くほどのことばの能力を発揮する。

　ネイティブの子どもたちが自由自在に英語を話す唯一の理由は、英語の基礎構造が脳に刻み込まれているからである。単語を知らなければことばを話すことができないが、単語を知っているだけでもことばは話せない。なぜならことばは意味を通じさせるために適切な語順に並べる必要があるからだ。

　2,000〜3,000の単語を知っていれば、英語を自由に話す準備ができていると言える。でもたとえ10,000の英単語を知っていても、英語の基礎構造が頭の中に確立されていなければ、ペラペラ話すことはできない。我々が最初にしなければならないのは、**YouCanSpeak** が提供する基礎構造の構築である。それが完成したあとに心がけるべきものが、さらなる語彙そしてイディオムやことわざの習得である。この順序を間違えると、英語を話せる日はやってこない。

144.【副詞化-13】

- **基本** They held the concert as scheduled.
- **変化** that they held the concert as scheduled
- **代入** I am both glad and relieved **to hear it**.
- **合成** I am both glad and relieved **that they held the concert as scheduled**.

STEP 7 「名詞化」その4

145.【名詞化-01】
無制限 / 62秒(7) / 54秒(5) / 46秒(3) / 38秒(1)

- 基本 ▶ 私たちはそれまでに下の娘のために適切なマンションを見つけておきました。
- 変化 ▶ 下の娘のために適切なマンションを見つけること ①
- 代入 ▶ 子どもを育てることは、私たちが思っていたほど楽ではありませんでした。
- 合成 ▶ 下の娘のために適切なマンションを見つけることは、私たちが思っていたほど楽ではありませんでした。

《ヒント》① We と had を省き、found を finding に変える。

146.【名詞化-02】
無制限 / 58秒(7) / 50秒(5) / 42秒(3) / 34秒(1)

- 基本 ▶ 私たちの先生は子どもたちの気持ちにもっと敏感です。
- 変化 ▶ 子どもたちの気持ちにもっと敏感であること ①
- 代入 ▶ 私たちが忘れてはならない1つのことは、障害者のための福祉です。
- 合成 ▶ 私たちが忘れてはならない1つのことは、子どもたちの気持ちにもっと敏感であることです。

《ヒント》① Our teacher を省き、is を being に変える。

147.【名詞化-03】
無制限 / 66秒(7) / 58秒(5) / 50秒(3) / 42秒(1)

- 基本 ▶ 私たちは彼女の一貫性のない証言を真実とは受け止めません。
- 変化 ▶ 彼女の一貫性のない証言を真実とは受け止めないこと ①
- 代入 ▶ この件に関しての長い協議の末、裁判官は次の公判の日程を決めました。
- 合成 ▶ この件に関しての長い協議の末、裁判官は彼女の一貫性のない証言を真実とは受け止めないことを決めました。

《ヒント》① We と don't を省き、accept を not to accept に変える。

STEP 7 「名詞化」その4

145.【名詞化-01】

- 基本：We had found an appropriate condominium for our younger daughter.
- 変化：finding an appropriate condominium for our younger daughter
- 代入：Raising children was not as easy as we thought.
- 合成：**Finding an appropriate condominium for our younger daughter** was not as easy as we thought.

応用　**Finishing this report by the end of next week** is essential for my next promotion.（このレポートを来週末までに仕上げることは、私の次の昇進のために必須です）

146.【名詞化-02】

- 基本：Our teacher is more sensitive to the feelings of children.
- 変化：being more sensitive to the feelings of children
- 代入：One thing we shouldn't forget is the welfare for the handicapped.
- 合成：One thing we shouldn't forget is **being more sensitive to the feelings of children**.

147.【名詞化-03】

- 基本：We don't accept her inconsistent testimony as true.
- 変化：not to accept her inconsistent testimony as true
- 代入：After a long consultation on this matter, the judges decided the date of the next trial.
- 合成：After a long consultation on this matter, the judges decided **not to accept her inconsistent testimony as true**.

148.【名詞化-04】
無制限 / 60秒(7) / 52秒(5) / 44秒(3) / 36秒(1)

- 基本 > あなたは自分の持っている物で満足しなければなりません。
- 変化 > 自分の持っている物で満足すること ①
- 代入 > あなたの子どもたちはもちろんのこと、あなたにとって最も大切な教訓は、忍耐を学ぶことです。②
- 合成 > あなたの子どもたちはもちろんのこと、あなたにとって最も大切な教訓は、自分の持っている物で満足することです。

《ヒント》① You と must を省き、be を to be に変える。
② 「忍耐」 = patience

149.【名詞化-05】
無制限 / 60秒(7) / 52秒(5) / 44秒(3) / 36秒(1)

- 基本 > そのようなビジネスマンはものすごいプレッシャーのもとにいるに違いありません。
- 変化 > ものすごいプレッシャーのもとにいるそのようなビジネスマン ①
- 代入 > 彼は、おそらく毎日たったの2〜3時間しか寝ないでしょう。
- 合成 > ものすごいプレッシャーのもとにいるそのようなビジネスマンは、おそらく毎日たったの2〜3時間しか寝ないでしょう。

《ヒント》① must と be を省く。

150.【名詞化-06】
無制限 / 64秒(7) / 56秒(5) / 48秒(3) / 40秒(1)

- 基本 > 警察はずっとその事故の原因を調査しています。
- 変化 > 警察がずっと調査している事故の原因
- 代入 > 状況がはっきりし次第、その結果を私たちに知らせてください。①
- 合成 > 状況がはっきりし次第、警察がずっと調査している事故の原因を、私たちに知らせてください。

《ヒント》①「状況がはっきりする」 = things get cleared

148.【名詞化-04】

- **基本** You must be satisfied with what you have.
- **変化** to be satisfied with what you have
- **代入** The most important lesson for you as well as for your children is **to learn patience**.
- **合成** The most important lesson for you as well as for your children is **to be satisfied with what you have**.

応用　**To be number one in your class** shouldn't be your motivation to study.
（クラスで1番になることがあなたの学ぶ動機であってはいけません）

149.【名詞化-05】

- **基本** Such a businessman must be under tremendous pressure.
- **変化** such a businessman under tremendous pressure
- **代入** **He** would sleep only for a few hours each day.
- **合成** **Such a businessman under tremendous pressure** would sleep only for a few hours each day.

150.【名詞化-06】

- **基本** The police has been investigating the cause of the accident.
- **変化** the cause of the accident the police has been investigating
- **代入** Let us know **the result** as soon as things get cleared.
- **合成** Let us know **the cause of the accident the police has been investigating** as soon as things get cleared.

応用　**The blueprint the architect prepared for the company** is rather questionable.（建築士がその会社のために用意した図面は、かなり疑わしい）

151.【名詞化-07】
無制限 / 56秒(7) / 48秒(5) / 40秒(3) / 32秒(1)

- 基本 ▷ 私たちは隔週にホームレスに生活必需品を送ります。
- 変化 ▷ 隔週にホームレスに送る生活必需品 ①
- 代入 ▷ 彼らが今包んでいるのは、お中元です。
- 合成 ▷ 彼らが今包んでいるのは、隔週にホームレスに送る生活必需品です。

《ヒント》① We を省き、commodities と send の語順を逆転し、send を to send に変える。

152.【名詞化-08】
無制限 / 56秒(7) / 48秒(5) / 40秒(3) / 32秒(1)

- 基本 ▷ 皆がこのアイディアに興奮するかもしれません。
- 変化 ▷ 皆が興奮するかもしれないこのアイディア ①
- 代入 ▷ 彼は来週、自分のビジョンについて3回述べるつもりです。
- 合成 ▷ 彼は来週、皆が興奮するかもしれないこのアイディアについて、3回述べるつもりです。

《ヒント》① this idea と Everyone may 〜の語順を逆転する。be excited about の about は、元の位置に残す。

153.【名詞化-09】
無制限 / 64秒(7) / 56秒(5) / 48秒(3) / 40秒(1)

- 基本 ▷ 私はその招待状をロータリークラブのメンバーの何人かに送らなければなりません。
- 変化 ▷ その招待状を送らなければならないロータリークラブのメンバーの何人か ①
- 代入 ▷ 両親はおそらく来ることができないだろうと言うかもしれません。
- 合成 ▷ その招待状を送らなければならないロータリークラブのメンバーの何人かは、おそらく来ることができないだろうと言うかもしれません。

《ヒント》① I と must を省き、some of the 〜と send 〜の語順を逆転し、send を to send に変える。

151.【名詞化-07】

- 基本 ▷ We send commodities to the homeless every other week.
- 変化 ▷ **commodities to send to the homeless every other week**
- 代入 ▷ What they are packing now are **midyear gifts**.
- 合成 ▷ What they are packing now are **commodities to send to the homeless every other week**.

応用　Does anyone have a list of **all those English words to remember for the examination**?（だれかその試験のために覚えなければならないそれらすべての英単語のリストを持っていますか？）

152.【名詞化-08】

- 基本 ▷ Everyone may be excited about this idea.
- 変化 ▷ **this idea everyone may be excited about**
- 代入 ▷ He will talk about **his vision** three times next week.
- 合成 ▷ He will talk about **this idea everyone may be excited about** three times next week.

応用　Who prepared **the meal everyone was satisfied with**?
（皆が満足した食事を用意したのはだれですか？）

153.【名詞化-09】

- 基本 ▷ I must send the invitation cards to some of the Rotary Club members.
- 変化 ▷ **some of the Rotary Club members to send the invitation cards to**
- 代入 ▷ **My parents** may say that they wouldn't be able to come.
- 合成 ▷ **Some of the Rotary Club members to send the invitation cards to** may say that they wouldn't be able to come.

154.【名詞化-10】
無制限 / 66秒(7) / 58秒(5) / 50秒(3) / 42秒(1)

- 基本　日本武道は世界の多くの国で教えられています。①
- 変化　世界の多くの国で教えられるべき日本武道
- 代入　それらのスポーツは、面白いだけでなく、健康にもいいです。
- 合成　世界の多くの国で教えられるべき日本武道は、面白いだけでなく、健康にもいいです。

《ヒント》①「日本の武道」＝ Japanese martial arts

155.【名詞化-11】
無制限 / 58秒(7) / 50秒(5) / 42秒(3) / 34秒(1)

- 基本　もし物事がうまくいけば、あなたのお兄さんはどの家を買う予定ですか？
- 変化　もし物事がうまくいけば、あなたのお兄さんがどの家を買う予定なのか①
- 代入　私はその真実を知ることに関心があります。
- 合成　私はもし物事がうまくいけば、あなたのお兄さんがどの家を買う予定なのかを知ることに関心があります。

《ヒント》① is と your brother の語順を逆転させる。

156.【名詞化-12】
無制限 / 66秒(7) / 58秒(5) / 50秒(3) / 42秒(1)

- 基本　彼はそのような危機のまっただ中で、助けを求めるためにどの銀行を訪れましたか？
- 変化　そのような危機のまっただ中で、助けを求めるためにどの銀行を訪れるか
- 代入　悪循環を避けるためには、予算の削減が、重要課題となることでしょう。①
- 合成　悪循環を避けるためには、そのような危機のまっただ中で、助けを求めるためにどの銀行を訪れるかが、重要課題となることでしょう。

《ヒント》①「重要課題」＝ key issue

154.【名詞化-10】

- 基本 ▷ Japanese martial arts are taught in many countries of the world.
- 変化 ▷ Japanese martial arts to be taught in many countries of the world
- 代入 ▷ Those sports are not only interesting but good for your health.
- 合成 ▷ **Japanese martial arts to be taught in many countries of the world** are not only interesting but also good for your health.

155.【名詞化-11】

- 基本 ▷ Which house is your brother going to buy if things go right?
- 変化 ▷ which house your brother is going to buy if things go right
- 代入 ▷ I am interested in knowing the truth.
- 合成 ▷ I am interested in knowing **which house your brother is going to buy if things go right**.

応用　Both of her parents are wondering **who she is going to meet so late at night**.（彼女の両親はどちらも、彼女が夜そんなに遅くだれと会うつもりなのかをいぶかっています）

156.【名詞化-12】

- 基本 ▷ Which bank did he visit to ask for help in the middle of such a crisis?
- 変化 ▷ which bank to visit to ask for help in the middle of such a crisis
- 代入 ▷ A budget cutback would be the key issue to avoid a vicious circle.
- 合成 ▷ **Which bank to visit to ask for help in the middle of such a crisis** would be the key issue to avoid a vicious circle.

応用　**Who to lay off** must be a pain in the neck for the owner.
（オーナーにとってだれを解雇するかが頭痛の種に違いありません）

157.【名詞化-13】

無制限 / 64秒(7) / 56秒(5) / 48秒(3) / 40秒(1)

- 基本　あなたはその書類をそのほかにどの言語に翻訳するつもりですか？
- 変化　あなたがその書類をそのほかにどの言語に翻訳するつもりか①
- 代入　もしかまわなければ、あなたの予算を私に教えてください。
- 合成　もしかまわなければ、あなたがその書類をそのほかにどの言語に翻訳するつもりかを、私に教えてください。

《ヒント》① are と you の語順を逆転させる。

158.【名詞化-14】

無制限 / 56秒(7) / 48秒(5) / 40秒(3) / 32秒(1)

- 基本　警察はどんな種類の車を見張りましたか？
- 変化　どんな種類の車を見張るべきか①
- 代入　その銀行強盗は、自分の犯したミスを知っていただろうか？
- 合成　その銀行強盗は、どんな種類の車を見張るべきかを知っていただろうか？

《ヒント》① did と the police を省き、watch out for を to watch out for に変える。

159.【名詞化-15】

無制限 / 52秒(7) / 44秒(5) / 36秒(3) / 28秒(1)

- 基本　彼女のおばあさんは歯が全然なくて、どのように食べるのですか？①
- 変化　彼女のおばあさんが歯が全然なくて、どのように食べるか②
- 代入　あなたは彼らが箸を使うと思いますか？
- 合成　あなたは彼女のおばあさんが歯が全然なくて、どのように食べると思いますか？

《ヒント》①「歯が全然なくて」= without any teeth
　　　　② does を省き、eat を eats に変える。

157.【名詞化-13】

- 基本) Which other languages are you going to translate the document into?
- 変化) which other languages you are going to translate the document into
- 代入) If you don't mind, let me know **your budget**.
- 合成) If you don't mind, let me know **which other languages you are going to translate the document into**.

応用　I am looking forward to knowing **what kind of menu they will prepare for their parents' golden anniversary**. （私は彼らが自分たちの両親の金婚式のために、どんなメニューを用意するのかを知るのが楽しみです）

158.【名詞化-14】

- 基本) What kind of cars did the police watch out for?
- 変化) what kind of cars to watch out for
- 代入) I wonder if the bank robber knew **the mistake he made**.
- 合成) I wonder if the bank robber knew **what kind of cars to watch out for**.

159.【名詞化-15】

- 基本) How does her grandmother eat without any teeth?
- 変化) how her grandmother eats without any teeth
- 代入) Do you think **that they use chopsticks**?
- 合成) **How** do you think **her grandmother eats without any teeth**?

応用　How do you think **they are going to move that huge rock without using a machine**? （あなたは、彼らが機械を使わずにあの巨大な岩をどのように動かすと思いますか？）

160.【名詞化-16】
無制限 / 66秒(7) / 58秒(5) / 50秒(3) / 42秒(1)

基本 あなたはその会社との契約に署名するためにいつ東京を訪れることになっていますか？

変化 その会社との契約に署名するためにいつ東京を訪れるべきか ①

代入 私の予定表を見る限り、行けるかどうか、まだわかりません。

合成 私の予定表を見る限り、その会社との契約に署名するためにいつ東京を訪れるべきか、まだわかりません。

《ヒント》① are you supposed to を省き、visit を to visit に変える。

161.【名詞化-17】
無制限 / 60秒(7) / 52秒(5) / 44秒(3) / 36秒(1)

基本 人々はしばしば道の急な段差の所で転びます。①

変化 人々がしばしば転ぶ道の急な段差

代入 この川は、私たちが考えるよりはるかに危険です。

合成 人々がしばしば転ぶ道の急な段差は、私たちが考えるよりはるかに危険です。

《ヒント》①「道の急な段差」= sharp drop on the road

162.【名詞化-18】
無制限 / 64秒(7) / 56秒(5) / 48秒(3) / 40秒(1)

基本 セールスマンの説明はどれほど複雑でまた的はずれでしたか？①

変化 セールスマンの説明がどれほど複雑でまた的はずれであったか

代入 その見込み客はあとになって、私たちの提示に対する彼の意見を、私たちに語ってくれました。

合成 その見込み客はあとになって、セールスマンの説明がどれほど複雑でまた的はずれであったかを、私たちに語ってくれました。

《ヒント》①「的はずれ」= irrelevant

160.【名詞化-16】

基本 When are you supposed to visit Tokyo to sign the agreement with the company?

変化 when to visit Tokyo to sign the agreement with the company

代入 With the schedule I have, I still don't know **if I can come**.

合成 With the schedule I have, I still don't know **when to visit Tokyo to sign the agreement with the company**.

161.【名詞化-17】

基本 People often fall down at the sharp drop on the road.

変化 the sharp drop on the road (where) people often fall down

代入 **This river** is far more dangerous than we think.

合成 **The sharp drop on the road (where) people often fall down** is far more dangerous than we think.

162.【名詞化-18】

基本 How complicated and irrelevant was the salesman's explanation?

変化 how complicated and irrelevant the salesman's explanation was

代入 The prospective customer later told us **his opinion on our presentation**.

合成 The prospective customer later told us **how complicated and irrelevant the salesman's explanation was**.

応用 Can you guess **how gently and quietly all the residents in that old apartment have to walk**?（あなたは、あの古いアパートの住人たちが、どれほど優しくまた静かに歩かなければならないか想像できますか？）

163.【名詞化-19】

無制限 / 64秒(7) / 56秒(5) / 48秒(3) / 40秒(1)

- 基本 ▷ 私たちは顧客からのそのようなプレッシャーのもとで、どれほどの柔軟性を持てますか？①
- 変化 ▷ 顧客からのそのようなプレッシャーのもとで、どれほどの柔軟性を持つべきか
- 代入 ▷ 私たちの成功は確信にではなく、態度に基づくのです。
- 合成 ▷ 私たちの成功は確信にではなく、顧客からのそのようなプレッシャーのもとで、どれほどの柔軟性を持つべきかに基づくのです。

《ヒント》①「柔軟性のある」flexible

164.【名詞化-20】

無制限 / 56秒(7) / 48秒(5) / 40秒(3) / 32秒(1)

- 基本 ▷ その映画は面白くもなく教育的でもありませんでした。
- 変化 ▷ 面白くもなく教育的でもないその映画①
- 代入 ▷ 彼らはできるだけ早く、その映画の上映をやめるべきです。
- 合成 ▷ 彼らはできるだけ早く、面白くもなく教育的でもないその映画の上映をやめるべきです。

《ヒント》① was を省くだけ。

165.【名詞化-21】

無制限 / 72秒(7) / 64秒(5) / 56秒(3) / 48秒(1)

- 基本 ▷ そのすばらしいクリスマスプレゼントは、孤児院にアメリカから匿名で送られてきました。
- 変化 ▷ 孤児院にアメリカから匿名で送られてきたすばらしいクリスマスプレゼント
- 代入 ▷ あなたはその包みが、孤児からの贈り物であったということを知っていましたか？
- 合成 ▷ あなたは孤児院にアメリカから匿名で送られてきたすばらしいクリスマスプレゼントが、孤児からの贈り物であったということを知っていましたか？

163. 【名詞化-19】

- **基本** How flexible can we be under such pressure from our client?
- **変化** how flexible to be under such pressure from our client
- **代入** Our success doesn't depend on our conviction but on **our attitude**.
- **合成** Our success doesn't depend on our conviction but on **how flexible to be under such pressure from our client**.

164. 【名詞化-20】

- **基本** The movie was neither interesting nor educational.
- **変化** the movie neither interesting nor educational
- **代入** They should stop showing **the movie** as soon as possible.
- **合成** They should stop showing **the movie (that is) neither interesting nor educational** as soon as possible.

応用　Can you imagine the feeling of **the astronaut staying alone in the spaceship for such a long time**? （あなたは、宇宙船の中でそんなにも長い間1人で滞在している宇宙飛行士の気持ちが想像できますか？）

165. 【名詞化-21】

- **基本** The wonderful Christmas present has been sent to the orphanage from America anonymously.
- **変化** the wonderful Christmas present sent to the orphanage from America anonymously
- **代入** Did you know (that) **the package** was a gift from an orphan?
- **合成** Did you know (that) **the wonderful Christmas present sent to the orphanage from America anonymously** was a gift from an orphan?

166.【名詞化-22】

無制限 / 66 秒(7) / 58 秒(5) / 50 秒(3) / 42 秒(1)

- 基本 私は学生たちは言うに及ばず、先生が授業中あくびをしているのを見ました。
- 変化 私が学生たちは言うに及ばず、先生が授業中あくびをしているのを見たこと ①
- 代入 もし私がそれを言っても、校長先生は信じることはないでしょう。
- 合成 もし私が学生たちは言うに及ばず、先生が授業中あくびをしているのを見たと言っても、校長先生は信じることはないでしょう。

《ヒント》① 基本文の先頭に that を付ける。この that は省くこともできる。

167.【名詞化-23】

無制限 / 66 秒(7) / 58 秒(5) / 50 秒(3) / 42 秒(1)

- 基本 息子はついに司法試験に合格したようです。
- 変化 「息子はついに司法試験に合格したようです」
- 代入 口数の少ない彼のお父さんは、「失礼します！」と静かに言いました。
- 合成 口数の少ない彼のお父さんは、「息子はついに司法試験に合格したようです」と静かに言いました。

168.【名詞化-24】

無制限 / 66 秒(7) / 58 秒(5) / 50 秒(3) / 42 秒(1)

- 基本 あの証人のあいまいな証言は疑わしくありませんか？
- 変化 あの証人のあいまいな証言が疑わしいかどうか ①
- 代入 言うまでもなく、私たちは彼の死因を、注意深く調査する必要があります。
- 合成 言うまでもなく、私たちはあの証人のあいまいな証言が疑わしいかどうかを、注意深く調査する必要があります。

《ヒント》① Isn't と that witness' ambiguous testimony の順序を逆転させ、先頭に whether を加え、最後に or not を付ける。

166.【名詞化-22】

- 基本 ▷ I saw the teacher yawning in the class not to mention the students.
- 変化 ▷ (that) I saw the teacher yawning in the class not to mention the students
- 代入 ▷ The headmaster wouldn't believe it if I said it.
- 合成 ▶ The headmaster wouldn't believe it if I said **that I saw the teacher yawning in the class not to mention the students**.

応用　In front of all these people, he promised **that he would never yell at his wife or children any longer**.（彼はこれらすべての人たちの前で、今後自分の妻にもあるいは子どもたちにも決して怒鳴りつけないだろうと約束しました）

167.【名詞化-23】

- 基本 ▷ It appears that my son has finally passed the bar examination.
- 変化 ▷ "It appears that my son has finally passed the bar examination."
- 代入 ▷ His father who is a man of few words quietly said, "Excuse me!"
- 合成 ▶ His father who is a man of few words quietly said, **"It appears that my son has finally passed the bar examination."**

168.【名詞化-24】

- 基本 ▷ Isn't that witness' ambiguous testimony questionable?
- 変化 ▷ whether that witness' ambiguous testimony is questionable or not
- 代入 ▷ Needless to say, we need to carefully examine the cause of his death.
- 合成 ▶ Needless to say, we need to carefully examine **whether that witness' ambiguous testimony is questionable or not**.

169.【名詞化-25】

無制限 / 72秒(7) / 64秒(5) / 56秒(3) / 48秒(1)

- 基本▷ あの平穏な熱帯の島の予測不能な悲劇は、何が原因だったのですか？
- 変化▷ あの平穏な熱帯の島の予測不能な悲劇は何が原因だったのか ①
- 代入▷ 世界中の地震学者達はその津波のメカニズムを、説明していました。
- 合成▷ 世界中の地震学者達は、あの平穏な熱帯の島の予測不能な悲劇は何が原因だったのかを、説明していました。

《ヒント》① 基本文とまったく同じ。

170.【名詞化-26】

無制限 / 68秒(7) / 60秒(5) / 52秒(3) / 44秒(1)

- 基本▷ この部族のことばを含め、世界で一番難しい言語はどれですか？
- 変化▷ この部族のことばを含め、世界で一番難しい言語はどれか ①
- 代入▷ もしだれかがそれを質問したら、何の答えもないことでしょう。
- 合成▷ もしだれかが、この部族のことばを含め、世界で一番難しい言語はどれかを質問したら、何の答えもないことでしょう。

《ヒント》① is と the most difficult language ～の順序を逆転させる。

171.【名詞化-27】

無制限 / 50秒(7) / 42秒(5) / 34秒(3) / 26秒(1)

- 基本▷ それは濡れていると透けて見えます。
- 変化▷ 濡れていると透けて見えるもの ①
- 代入▷ その婦人たちを一番驚かせたのは、強風でした。
- 合成▷ その婦人たちを一番驚かせたのは、濡れていると透けて見えるものでした。

《ヒント》① It を what に変える。what は「何」の意味ではない。

169.【名詞化-25】

- 基本 ＞ What caused the unpredictable tragedy on that peaceful tropical island?
- 変化 ＞ what caused the unpredictable tragedy on that peaceful tropical island
- 代入 ＞ Seismologists around the world were explaining **the mechanism of the tsunami**.
- 合成 ＞ Seismologists around the world were explaining **what caused the unpredictable tragedy on that peaceful tropical island**.

応用　**What bothers him so much on this happy occasion** is a mystery.
（こんな喜ばしいときに、何が彼を悩ましているのかが不思議です）

170.【名詞化-26】

- 基本 ＞ Which is the most difficult language in the world including this tribal language?
- 変化 ＞ which the most difficult language in the world is including this tribal language
- 代入 ＞ There wouldn't be any answer if some one asked **it**.
- 合成 ＞ There wouldn't be any answer if some one asked **which the most difficult language in the world is including this tribal language**.

171.【名詞化-27】

- 基本 ＞ It shows through when wet.
- 変化 ＞ what shows through when wet
- 代入 ＞ The thing which surprised those ladies the most was **the strong wind**.
- 合成 ＞ The thing which surprised those ladies the most was **what shows through when wet**.

172.【名詞化-28】

無制限 / 56 秒(7) / 48 秒(5) / 40 秒(3) / 32 秒(1)

- 基本　彼の息子たち双方が、すでにそれを相続しているかもしれません。
- 変化　彼の息子たち双方が、すでに相続しているかもしれないもの ①
- 代入　だれも知らなかったそれらの土地は、祖父のものです。
- 合成　だれも知らなかったそれらの土地は、彼の息子たち双方がすでに相続しているかもしれないものです。

《ヒント》① 最後の it を what に変え、先頭に持ってくる。what は「何」の意味ではない。

173.【名詞化-29】

無制限 / 58 秒(7) / 50 秒(5) / 42 秒(3) / 34 秒(1)14

- 基本　人々はその特別の日に、何かでご飯を食べます。
- 変化　その特別の日に、人々がご飯を食べるのに使うもの ①
- 代入　習慣は国によって異なります。
- 合成　その特別の日に、人々がご飯を食べるのに使うものは、国によって異なります。

《ヒント》① something を what に変え、先頭に持ってくる。what は「何」の意味ではない。

174.【名詞化-30】

無制限 / 68 秒(7) / 60 秒(5) / 52 秒(3) / 44 秒(1)

- 基本　あなたは現状ではどちらが正しい判断であると考えますか？①
- 変化　どちらでもあなたが現状で正しい判断であると考える方 ②
- 代入　私たちのグループのだれもが、あなたの提案を、受け入れることでしょう。
- 合成　私たちのグループのだれもが、どちらでもあなたが現状で正しい判断であると考える方を、受け入れることでしょう。

《ヒント》①「現状では」= under the present circumstances
② do を省き、which を whichever に変える。

172.【名詞化-28】

- 基本： Both of his sons may have inherited it.
- 変化： what both of his sons may have inherited
- 代入： Those lands no one knew about are **my grandfather's**.
- 合成： Those lands no one knew about are **what both of his sons may have inherited**.

応用　**What you may not know** is his criminal background.
（あなた方が知らないかもしれないのは、彼の犯罪歴です）

173.【名詞化-29】

- 基本： People eat rice with something on that special day.
- 変化： what people eat rice with on that special day
- 代入： The custom differs from country to country.
- 合成： **What people eat rice with on that special day** differs from country to country.

応用　This is **what we need to start with.**（これが私たちがまず手がける必要のあるものです）

174.【名詞化-30】

- 基本： Which do you consider to be the right judgment under the present circumstances?
- 変化： whichever you consider to be the right judgment under the present circumstances
- 代入： Everyone in our group would accept **your proposal**.
- 合成： Everyone in our group would accept **whichever you consider to be the right judgment under the present circumstances**.

175.【名詞化-31】
無制限 / 68 秒(7) / 60 秒(5) / 52 秒(3) / 44 秒(1)

基本 だれが日本の習慣を知りながら手土産なしであなたを訪問しますか？

変化 だれでも日本の習慣を知りながら手土産なしであなたを訪問する人 ①

代入 そのような人は、鈍感であると結論づけるのは危険ではないだろうか？

合成 だれでも日本の習慣を知りながら手土産なしであなたを訪問する人は、鈍感であると結論づけるのは危険ではないだろうか？

《ヒント》① Who を whoever に変えるだけ。

176.【名詞化-32】
無制限 / 70 秒(7) / 62 秒(5) / 54 秒(3) / 46 秒(1)

基本 そのヘリコプターは事前予告なしに、突然この地に着陸しました。

変化 事前予告なしに突然この地に着陸したヘリコプター ①

代入 住人たちは、その野獣のうなり声に、おびえました。

合成 住人たちは、事前予告なしに突然この地に着陸したヘリコプターに、おびえました。

《ヒント》① The helicopter と suddenly landed 〜の間に which を挿入。

177.【名詞化-33】
無制限 / 54 秒(7) / 46 秒(5) / 38 秒(3) / 30 秒(1)

基本 その才女が新しいチームを指揮するでしょう。

変化 新しいチームを指揮することになっているその才女 ①

代入 それを理解するのは、そんなに容易ではありませんでした。

合成 新しいチームを指揮することになっているその才女を理解するのは、そんなに容易ではありませんでした。

《ヒント》① will を省き、direct を to direct に。

175.【名詞化-31】

- 基本 ▷ Who visits you empty-handed knowing the Japanese custom?
- 変化 ▷ whoever visits you empty-handed knowing the Japanese custom
- 代入 ▷ Wouldn't it be dangerous to conclude that **such a person** is insensitive?
- 合成 ▷ Wouldn't it be dangerous to conclude that **whoever visits you empty-handed knowing the Japanese custom** is insensitive?

176.【名詞化-32】

- 基本 ▷ The helicopter suddenly landed on this ground without previous notice.
- 変化 ▷ the helicopter which suddenly landed on this ground without previous notice
- 代入 ▷ The residents got scared by **the roar of the wild beast**.
- 合成 ▷ The residents got scared by **the helicopter which suddenly landed on this ground without previous notice**.
- 応用　**The buildings which collapsed severely when the earthquake hit** had been build under old regulations. (地震が襲ったときにひどい倒壊のしかたをしたビルは、古い規制のもとに建てられたものでした)

177.【名詞化-33】

- 基本 ▷ That intelligent woman will direct the new team.
- 変化 ▷ that intelligent woman to direct the new team
- 代入 ▷ It wasn't so easy to understand **it**.
- 合成 ▷ It wasn't so easy to understand **that intelligent woman to direct the new team**.

178.【名詞化-34】

無制限 / 64秒(7) / 56秒(5) / 48秒(3) / 40秒(1)

- **基本** 昨日その件を話し合うために、だれかが私のオフィスに来ました。
- **変化** 昨日その件を話し合うために私のオフィスに来た人 ①
- **代入** あすの朝できるだけ早く、その男性に電話してください。
- **合成** あすの朝できるだけ早く、昨日その件を話し合うために私のオフィスに来た人に電話してください。

《ヒント》① Some one を the one that に置き換える。

179.【名詞化-35】

無制限 / 62秒(7) / 54秒(5) / 46秒(3) / 38秒(1)

- **基本** 雅子の一番上のお姉さんは一度も結婚したことがありません。
- **変化** 一番上のお姉さんが一度も結婚したことのない雅子 ①
- **代入** 彼女は、おばから使い切れないほどのお金をもらいました。
- **合成** 一番上のお姉さんが一度も結婚したことのない雅子は、おばから使い切れないほどのお金をもらいました。

《ヒント》① Masako's biggest sister 〜を Masako whose biggest sister 〜に変える。

178. 【名詞化-34】

- **基本**: Someone came to my office yesterday to discuss the matter.
- **変化**: the one that came to my office yesterday to discuss the matter
- **代入**: Call the gentleman as early as possible tomorrow morning.
- **合成**: Call **the one that came to my office yesterday to discuss the matter** as early as possible tomorrow morning.

応用　**The one that came up with this unique idea** was still a student working part time.(この独特なアイディアを思いついたのは、まだパートで働いている学生でした)

179. 【名詞化-35】

- **基本**: Masako's biggest sister has never been married.
- **変化**: Masako whose biggest sister has never been married
- **代入**: She received more money from her aunt than she could spend.
- **合成**: **Masako whose biggest sister has never been married** received more money from her aunt than she could spend.

STEP 8 「副詞化」その4

180.【副詞化-01】
無制限 / 56秒(7) / 48秒(5) / 40秒(3) / 32秒(1)

- 基本 ▶ 彼女は私が彼女のために買ってあげたものに満足していたかもしれません。
- 変化 ▶ 私が彼女のために買ってあげたものに満足するために ①
- 代入 ▶ 賢明にも、彼女はその値段をチェックしないことに決めています。
- 合成 ▶ 私が彼女のために買ってあげたものに満足するために、彼女はその値段をチェックしないことに決めています。

《ヒント》① She と may を省き、have been ～を to be ～に変える。

181.【副詞化-02】
無制限 / 66秒(7) / 58秒(5) / 50秒(3) / 42秒(1)

- 基本 ▶ 彼女は自称弁護士から2度目の電話を受けました。
- 変化 ▶ 自称弁護士から2度目の電話を受ける前 ①
- 代入 ▶ 母はその朝、念のため助けを求めて警察に電話しました。
- 合成 ▶ 母は自称弁護士から2度目の電話を受ける前、念のため助けを求めて警察に電話しました。

《ヒント》① She を省き、先頭に before を付け、received を receiving に変える。

182.【副詞化-03】
無制限 / 66秒(7) / 58秒(5) / 50秒(3) / 42秒(1)

- 基本 ▶ すべてがその機械の発明者によって明確に説明されました。
- 変化 ▶ その機械の発明者によって明確に説明されたように ①
- 代入 ▶ あなた方は何があっても、その部屋の温度を24時間制御する必要があります。
- 合成 ▶ あなた方はその機械の発明者によって明確に説明されたように、その部屋の温度を24時間制御する必要があります。

《ヒント》① Everything と was を省き、先頭に as を付ける。

STEP 8 「副詞化」その4

180.【副詞化-01】

- 基本 ▷ She may have been satisfied with what I bought for her.
- 変化 ▷ to be satisfied with what I bought for her
- 代入 ▷ **Wisely**, she has decided not to check the price.
- 合成 ▶ **To be satisfied with what I bought for her**, she has decided not to check the price.

応用　**To build up friendly relations with our competitors**, we planned a softball game.（競合相手とよい関係を築き上げるために、私たちはソフトボール大会を企画しました）

181.【副詞化-02】

- 基本 ▷ She received the second telephone call from the would-be attorney.
- 変化 ▷ before receiving the second telephone call from the would-be attorney
- 代入 ▷ My mother called the police for help just in case **on that morning**.
- 合成 ▶ My mother called the police for help just in case **before receiving the second telephone call from the would-be attorney**.

182.【副詞化-03】

- 基本 ▷ Everything was clearly explained by the inventor of the machine.
- 変化 ▷ as clearly explained by the inventor of the machine
- 代入 ▷ You need to control the temperature of the room 24-hours a day **no matter what**.
- 合成 ▶ You need to control the temperature of the room 24-hours a day **as clearly explained by the inventor of the machine**.

応用　**When subtly deceived by his former subordinate**, he quickly changed his strategy to minimize his loss.（巧妙な手口で以前の部下に欺かれたとき、彼は自分の損失を最小限に抑えるためにただちに戦略を変えた）

183.【副詞化-04】
無制限 / 64秒(7) / 56秒(5) / 48秒(3) / 40秒(1)

- 基本 ▶ そのチームは力を一つにして一番厳しい試合に勝ちました。
- 変化 ▶ そのチームが力を一つにして一番厳しい試合に勝つまで①
- 代入 ▶ 選手とコーチは、しばらくの間、十分信頼し合うことができませんでした。②
- 合成 ▶ 選手とコーチは、そのチームが力を一つにして一番厳しい試合に勝つまで、十分信頼し合うことができませんでした。

《ヒント》① 基本文の先頭に until を加えるだけ。
② 「信頼し合う」= trust each other

184.【副詞化-04】
無制限 / 54秒(7) / 46秒(5) / 38秒(3) / 30秒(1)

- 基本 ▶ 豆腐はすべての食べ物の中で一番健康にいいのです。
- 変化 ▶ 豆腐がすべての食べ物の中で一番健康にいいので①
- 代入 ▶ 当然ながら、私たちはそれを毎日たくさん食べます。
- 合成 ▶ 豆腐がすべての食べ物の中で一番健康にいいので、私たちはそれを毎日たくさん食べます。

《ヒント》① 基本文の先頭に as を加えるだけ。

185.【副詞化-05】
無制限 / 64秒(7) / 56秒(5) / 48秒(3) / 40秒(1)

- 基本 ▶ その四分の一はあなたが緊急時に使うものです。①
- 変化 ▶ その四分の一はあなたが緊急時に使うものですが②
- 代入 ▶ とりあえず、あなたのすべてのお金をこの企画に投資したほうが、より賢明かもしれません。
- 合成 ▶ その四分の一はあなたが緊急時に使うものですが、あなたのすべてのお金をこの企画に投資したほうが、より賢明かもしれません。

《ヒント》①「〜の四分の一」= one fourth of 〜
② 基本文の先頭に though を加えるだけ。

183.【副詞化-04】

- **基本** > The team won the toughest game by uniting their power.
- **変化** > until the team won the toughest game by uniting their power
- **代入** > The players and the coach couldn't fully trust each other for some time.
- **合成** > The players and the coach couldn't fully trust each other **until the team won the toughest game by uniting their power**.

応用 **Every time my boss goes to the bathroom**, he drinks a cup of coffee in the middle of the hallway.（私の上司はトイレに行くときはいつも、廊下の真ん中でコーヒーを1杯飲みます）

184.【副詞化-04】

- **基本** > Tofu is the best for your health among all the foods.
- **変化** > As Tofu is the best for your health among all the foods
- **代入** > Naturally, we eat it a lot everyday.
- **合成** > **As Tofu is the best for your health among all the foods**, we eat it a lot everyday.

185.【副詞化-05】

- **基本** > One fourth of it is for you to use in an emergency.
- **変化** > though one fourth of it is for you to use in an emergency
- **代入** > It may be wiser if you invested all your money in this project for the time being.
- **合成** > It may be wiser if you invested all your money in this project **though one fourth of it is for you to use in an emergency**.

応用 **Even if it rains hard during the game**, it shouldn't be stopped.（たとえ試合中に激しく雨が降っても、中断してはいけません）

186.【副詞化-06】
無制限 / 52秒(7) / 44秒(5) / 36秒(3) / 28秒(1)

- 基本　その美容師は初めて私の髪をブロンドに染めました。
- 変化　初めて自分の髪をブロンドに染めているうちに ①
- 代入　そのドレスを着ると、私は別人になったような気がしました。
- 合成　初めて自分の髪をブロンドに染めているうちに、私は別人になったような気がしました。

《ヒント》① The beautician を省き、dyed を dying に変える。

187.【副詞化-07】
無制限 / 72秒(7) / 64秒(5) / 56秒(3) / 48秒(1)

- 基本　彼は妻子はもちろんのこと、同僚たちにも励まされたかもしれません。①
- 変化　妻子はもちろんのこと、同僚たちにも励まされ
- 代入　勇敢にも、デイヴィッドはそれまでにだれもがあきらめてしまっていた難問に再挑戦しました。
- 合成　妻子はもちろんのこと、同僚たちにも励まされ、デイヴィッドはそれまでにだれもがあきらめてしまっていた難問に再挑戦しました。

《ヒント》①「同僚」= colleague / co-worker

188.【副詞化-08/09】
無制限 / 56秒(7) / 48秒(5) / 40秒(3) / 32秒(1)

- 基本　あなたはこの緊急のメッセージをだれに伝えますか？
- 変化　あなたがこの緊急のメッセージをだれに伝えても
- 代入　あなたはあまりにも多く嘘をついてしまったので、もはやだれもあなたの言うことを聞かないでしょう。
- 合成　あなたはあまりにも多く嘘をついてしまったので、あなたがこの緊急のメッセージをだれに伝えても、だれもあなたの言うことを聞かないでしょう。

186. 【副詞化-06】

- 基本: The beautician dyed my hair blond for the first time.
- 変化: dying my hair blond for the first time
- 代入: In that dress, I felt like being a different person.
- 合成: **Dying my hair blond for the first time**, I felt like being a different person.

187. 【副詞化-07】

- 基本: He may have been encouraged by his colleagues as well as by his wife and children.
- 変化: encouraged by his colleagues as well as by his wife and children
- 代入: **Courageously**, David took up the challenge (which) every one had given up on.
- 合成: **Encouraged by his colleagues as well as by his wife and children**, David took up the challenge (which) every one had given up on.
- 応用: **Recommended by the professor and the dean**, he has decided to apply to the Harvard Medical School. （教授と学部長に推薦されたので、彼はハーバード大学医学部に申し込むことに決めました）

188. 【副詞化-08/09】

- 基本: Who do you tell this urgent message to?
- 変化: whoever you tell this urgent message to
- 代入: No one would listen to you **any more**, because you have lied so many times.
- 合成: No one would listen to you **whoever you tell this urgent message to**, because you have lied so many times.

189.【副詞化-10】

無制限 / 66 秒(7) / 58 秒(5) / 50 秒(3) / 42 秒(1)

- 基本 ▶ だれが複雑なジグソーパズルのこれらすべてのピースを並べ終えたのですか？
- 変化 ▶ だれが複雑なジグソーパズルのこれらすべてのピースを並べ終えても
- 代入 ▶ あなたが思うように、もう1つのパズルはそんなに簡単ではないでしょう。
- 合成 ▶ だれが複雑なジグソーパズルのこれらすべてのピースを並べ終えても、もう1つのパズルはそんなに簡単ではないでしょう。

190.【副詞化-11】

無制限 / 66 秒(7) / 58 秒(5) / 50 秒(3) / 42 秒(1)

- 基本 ▶ その臆病な部長は、物事をしてもらうのにどれほど柔らかく秘書に頼みますか？
- 変化 ▶ その臆病な部長が、物事をしてもらうのにどれほど柔らかく秘書に頼んでも ①
- 代入 ▶ なぜかわかりませんが、彼女はまず彼をにらみつけ、そしてすぐには応答しません。
- 合成 ▶ その臆病な部長が、物事をしてもらうのにどれほど柔らかく秘書に頼んでも、彼女はまず彼をにらみつけ、そしてすぐには応答しません。

《ヒント》① does を省き、How softly を however softly に、そして ask を asks に変える。

191.【副詞化-12】

無制限 / 72 秒(7) / 64 秒(5) / 56 秒(3) / 48 秒(1)

- 基本 ▶ 隣に住んでいた子どものころの友人は、もっと金持ちになりまたもっと有名になっています。
- 変化 ▶ 隣に住んでいた子どものころの友人が、金持ちにまた有名になってしまえばしまうほど
- 代入 ▶ まもなく、私たちはますます疎遠になっていきました。①
- 合成 ▶ 隣に住んでいた子どものころの友人が、金持ちになりまた有名になってしまえばしまうほど、私たちはますます疎遠になっていきました。

《ヒント》①「疎遠になる」＝ drift apart

189. 【副詞化-10】

基本 Who has put all these pieces of the complicated jigsaw puzzle together?

変化 whoever has put all these pieces of the complicated jigsaw puzzle together

代入 As you think, the other puzzle wouldn't be that easy.

合成 **Whoever has put all these pieces of the complicated jigsaw puzzle together**, the other puzzle wouldn't be that easy.

190. 【副詞化-11】

基本 How softly does the timid manager ask his secretary to do things?

変化 however softly the timid manager asks his secretary to do things

代入 I don't know why but she first glares at him and doesn't respond quickly.

合成 **However softly the timid manager asks his secretary to do things**, she first glares at him and doesn't respond quickly.

応用 **However fast he drove on the freeway**, he couldn't make it because he left home too late.（彼は高速道路でどんなに速く運転しても、家を出るのが遅すぎたので、間に合いませんでした）

191. 【副詞化-12】

基本 My childhood friend who used to live next door has become richer and more famous.

変化 the richer and more famous my childhood friend who used to live next door has become

代入 Before long, we have drifted farther and farther apart.

合成 **The richer and more famous my childhood friend who used to live next door has become**, the farther and farther apart we have drifted.

192.【副詞化-13】

無制限 / 66秒(7) / 58秒(5) / 50秒(3) / 42秒(1)

基本 今年の冬はフロリダは寒かったし風も強かったです。
変化 今年の冬はフロリダは寒かったし風も強かったので
代入 カナダから来た旅行者たちは、その天候に本当に失望しました。
合成 カナダから来た旅行者たちは、今年の冬はフロリダは寒かったし風も強かったので本当に失望しました。

192.【副詞化-13】

- **基本** It was both cold and windy in Florida this winter.
- **変化** (that) it was both cold and windy in Florida this winter
- **代入** The tourists who came from Canada were really disappointed with the weather.
- **合成** The tourists who came from Canada were really disappointed that it was both cold and windy in Florida this winter.

スピーキングが上達する効果的な学習法

ことば＝文法＝意味

　この本では便宜上文法用語が多少使われているが、本来 **YouCanSpeak** の学習法には文法用語は使われない。英語から文法を排除したのではなく、文法を意味として習得するメソッドだからである。ことばが通じるのは、話す者と聞く者との間に共有されている約束事があるからだ。

　たとえば "The dog chased the cat."（犬が猫を追いかけた）という英文と "The cat chased the dog."（猫が犬を追いかけた）という英文は、まったく同じ単語が使われているが、それぞれの意味が異なるのは、その語順による約束事があるからである。それが文法（真の文法）である。ことばは三位一体、すなわち「ことば＝文法＝意味」である。

　我々は「文法」の意味を誤解すると、英語が話せない人になってしまう。「文法」は「意味」なので、文法のない言語は存在しない。それでも文法アレルギーなるものが存在するのは、「意味としての文法」と「文法用語」の混同があるからだ。

　日本人が日本語を話すとき、「形容動詞」だとか「サ行5段活用」などまったく意識しない。それは日本語文法を意味で捉えているからである。同じようにアメリカ人は「現在完了形」だとか「関係代名詞」などということをまったく考えずに英語を話す。やはり英文法を意味として捉えているからである。建物にたとえると、「文法用語」が「図面」そして「真の文法」が「建物」そのものである。図面はどんなに正確でも建物ではない。「文法用語」を正確に理解している人でも英語を上手に話せるとは限らないのは、文法が意味になっていないからである。

　英語を自由に正確に話すために、「文法」を捨ててはいけない。文法を捨てることは「意味」をすてること、すなわち「ことば」を捨てることと同じだからである。重要なことは、英語を「文法用語」の領域に放置してはいけないということである。意味中心、すなわち「意味が異なれば言い方が異なる」「言い方が異なれば意味が異なる」という学習のみが、上達の秘訣である。

第3章

名詞化パターン35と副詞化パターン13

《名詞化パターン／副詞化パターンの説明》

　本書では、コミュニケーション価値の高い内容を表現するために、基本表現の名詞化と副詞化を行い、より幅の広い内容でも言えるようになるトレーニングを積んできた。

　ここで、もう少し名詞化と副詞化を詳しく説明することにして、読者の皆さんが1人でもより高度な内容でも随意に名詞化・副詞化ができるようにしておこう。

> 最初に
> ZZZZ：網がかかっている部分は、英文が名詞化・副詞化されるときに省かれる要素
> ZZZZ：イタリックで書かれている部分は、名詞化・副詞化のときに追加される要素
> ZZZZ：アンダーラインの付いている部分は、名詞化・副詞化のときに順序が入れ替わる要素

1 名詞化パターン 35

【名詞化-01　動名詞句】

基本文

名詞（主語）＋動詞〜	「…は〜します」
⇩	⇩
動詞＋ *ing* 〜	「〜すること／〜したこと」

「名詞（主語）＋動詞〜」という形の英文で、名詞（主語）を除き、動詞に ing を付けるとその英文が名詞化され、「〜すること／〜したこと」という意味になる。（＊【副詞化-06】参照）

例　I wash the car.　　　　　　　　私はその車を洗います。
　　　⇩　　　　　　　　　　　　　　　　⇩
　　wash*ing* the car　　　　　　　その車を洗うこと／洗ったこと

代入　例
　　I remember **your name**.　　　私は**あなたの名前**を覚えています。
　　　　⇩⇧
　　I remember **washing the car**.　私は**その車を洗ったこと**を覚えています。

【名詞化-02　動名詞句】

基本文

名詞（主語）＋ be 〜　　　　　　　「…は〜です」
　　　⇩　　　　　　　　　　　　　　⇩
　　be*ing* 〜　　　　　　　　　　　「〜であること」

＊　be ＝ be 動詞：am、is、are（現在形）／ was、were（過去形）

　「名詞（主語）＋ be 〜」という形の英文で、最初の名詞（主語）を除き、be 動詞のあとに ing を付けると、すなわち being にすると、その英文は名詞化され、「〜であること」という意味になる。（どの be 動詞でも ing を付けると、すべて being になる）

例 He is a teacher.　　　　　　　彼は先生です。
　　　⇩　　　　　　　　　　　　　　⇩
　　be*ing* a teacher　　　　　　　先生であること

代入　例

The game is not that easy.　　　**そのゲーム**はそんなに楽ではありません。
　　　⇩⇧
Being a teacher is not that easy.
　　　　　　　　　　　　　　　　　先生であることはそんなに楽ではありません。

【名詞化-03　不定詞句】

基本文

名詞（主語）＋動詞〜　　　　　　　「…は〜します」
　　　⇩　　　　　　　　　　　　　　⇩
　　to ＋動詞〜　　　　　　　　　「〜すること／〜するように」

　「名詞（主語）＋動詞〜」という形の英文で、名詞（主語）を除き、動詞の前に to を付けるとその英文が名詞化され、「〜すること／〜するように」という意味になる。【名詞化-01】とほぼ同じだが、使い方が微妙に異なる場合がある。（＊【副詞化-01】参照）

例 We love one another.　　　　私たちは互いに愛し合います。
　　　⇩　　　　　　　　　　　　　　⇩
　　to love one another　　　　　互いに愛し合うこと

> **代入** **例**
> The outcome is the most important.
> ⇅
> To love one another is the most important.
>
> 結果が最も大切です。
> 互いに愛し合うことが最も大切です。

【名詞化-04　不定詞句】

> **基本文**
> 名詞（主語）＋ be 〜　　　　　「…は〜です」
> ⇓　　　　　　　　　　　　　　⇓
> *to* be 〜　　　　　　　　　「〜であること／〜になること」

「名詞（主語）＋ be 〜」という形の英文で、名詞（主語）を除き、be動詞の前に to を付ける、すなわち to be にすると、その英文は名詞化され、「〜であること／〜になること」という意味になる。（be動詞の前に to を付ける場合、すべて to be になる）【名詞化-02】とほぼ同じだが、使い方が微妙に異なる場合がある。（＊【副詞化-01】参照）

> **例** He is patient.　　　　　　　彼は忍耐強いです。
> ⇓　　　　　　　　　　　　⇓
> *to* be patient　　　　　　忍耐強くある／なること

> **代入** **例**
> Don't forget **the date**.　　　　　その日付を忘れてはいけません。
> ⇅
> Don't forget **to be patient**.　　忍耐強くあることを忘れてはいけません。

【名詞化-05　名詞＋前置詞句】

> **基本文**
> 名詞（主語）＋動詞／ be ＋前置詞＋名詞
> ⇓
> 　名詞（主語）＋前置詞＋名詞

「名詞（主語）＋動詞／ be ＋前置詞＋名詞」という形の英文で、動詞や be 動詞のあとに「前置詞＋名詞」が続く英文の場合、それらの動詞を省くとその英文は名詞化される。意味は前置詞により異なる。【名詞化-05】で使われる前置詞には次のようなものがある。

- **in**（〜の中に）
- **across**（〜の向い側に）
- **among**（〜の間に；3つ以上の物の間に）
- **at**（〜に／〜で）
- **behind**（〜の後ろ側に）
- **beside**（〜の脇に）
- **below**（〜の下に）
- **between**（〜の間に；2つの物の間に）
- **beyond**（〜の向こう側に）
- **by**（〜のそばに）
- **off**（〜から離れて）
- **on**（〜の上に）
- **over**（〜を超えて）
- **under**（〜の下に）
- **with**（〜を持った／〜が付いた）
- **without**（〜を持たない／〜が付いていない）

例1
The book is on the table.　　　　　その本はテーブルの上にある。
⇩　　　　　　　　　　　　　　　⇩
the book on the table　　　　　テーブルの上にある本

例2
The student came from China.　　　その学生は中国から来ました。
⇩　　　　　　　　　　　　　　　⇩
the student from China　　　　 中国から来た学生

例3
The boy is full of dreams.　　　　　その少年は夢でいっぱいです。
⇩　　　　　　　　　　　　　　　⇩
the boy full of dreams　　　　　夢でいっぱいなその少年

例4
以下のような表現も【名詞化-05】に属する名詞化表現である。

　　the man with the key　　　　　鍵を持っている男
　　the picture without any name　 名前のない絵

> 代入 例
> **They** listened to my lecture. 彼らは私の講義を聞きました。
> ⇩⇧
> **The boy full of dreams** listened to my lecture.
> 　　　　　　　　　　　　　　夢でいっぱいなその少年は私の講義を聞きました。

【名詞化-06　名詞＋関係詞節】

基本文

名詞（主語）＋動詞＋名詞（目的語）　　「～は…を～します」
　　　　　　　　　　　　　　　　　　　　⇩
名詞＋名詞（主語）＋動詞　　　　　　　　「～が…する～」

「名詞（主語）＋動詞＋名詞（目的語）」という形の英文で、後半の名詞（目的語）を先頭に持ってくるとその英文は名詞化され、「～が…する～」という意味になる。

例　She speaks the language.　　彼女はその言語を話します。
　　　　　　　　　　　　　　　　⇩
　　the language she speaks　　　彼女が話す言語

動詞の部分が「be ＋動詞 ing」（進行形と呼ばれている）になっている場合も、まったく同じように名詞化される。

名詞（主語）＋ be ＋動詞 ing ＋名詞（目的語）　　～は～を～しています。
　　　　　　　　　　　　　　　　　　　　　　　　⇩
名詞＋名詞（主語）＋ be ＋動詞 ing　　　　　　　～が～している～

例　He is drinking the tea.　　彼はそのお茶を飲んでいます。
　　　　　　　　　　　　　　　⇩
　　the tea he is drinking　　　彼が飲んでいるお茶

このタイプの名詞化は、間に which や that が入ることもある。

the book I read　　　　＝　　the book *which* I read
the tea he is drinking　＝　　the tea *that* he is drinking

> 代入 例
> **The problem** is very difficult. その問題はとても難しい。
> ⇩⇧
> **The language she speaks** is very difficult.
> 　　　　　　　　　　　　　　　　彼女が話す言語はとても難しい。

【名詞化-07　名詞＋不定詞】

基本文

名詞（主語）＋動詞＋名詞（目的語）　　「～は…を～します」
　　　　　　　　　　　　　　　　　　　⇩
　　　　名詞＋ *to* ＋動詞　　　　　　　「～すべき／する～」

「名詞（主語）＋動詞＋名詞（目的語）」という形になっている英文の先頭の名詞（主語）を省き、後半の名詞（目的語）を先頭に持って来て、動詞の前に to を加えるとその英文は名詞化され、「～すべき／…する～」という意味になる。

例　You cut the tape.　　　　　　　あなたはそのテープを切ります。
　　　　　　　　　　　　　　　　　　　⇩
　　　the tape *to* cut　　　　　　　　切るべきテープ

代入　例
Where is **the key**?　　　　　　　　　その鍵はどこにありますか？
　　⇩⇧
Where is **the tape to cut**?　　　　　切るべきテープはどこにありますか？

【名詞化-08　名詞＋関係詞節＋前置詞】

基本文

名詞（主語）＋動詞／be＋前置詞＋名詞

名詞＋名詞（主語）＋動詞／be＋前置詞

「名詞（主語）＋動詞／be＋前置詞＋名詞」という形の英文で、最後の名詞を最初に持ってくるとその英文は名詞化される。その意味は使われている動詞や前置詞による。この名詞化の大切なポイントは、前置詞がそのまま元の位置に残されることである。最後の名詞の移動に伴い、前置詞を消滅させてしまう人が大勢いるが、その場合意味が中途半端になってしまう。

例 1

The cook book is on the shelf.　　　　料理の本はその棚の上にある。
　　　　　　　　　　　　　　　　　　　⇩
the shelf the cook book is on　　　　 料理の本が乗っている棚

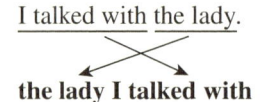

例2

I talked with the lady.　　　　　私はその婦人と話しました。
⇓
the lady I talked with　　　　　私が話した婦人

このタイプの名詞化は、間に which や who が入ることもある。

the shelf the cook book is on　　=　the shelf *which* the cook book is on
the lady I talked with　　　　　=　the lady *who* I talked with

「名詞（主語）＋動詞＋名詞（目的語）＋前置詞＋名詞」という形の英文も同じように名詞化される。

名詞（主語）＋動詞＋名詞（目的語）＋前置詞＋名詞

名詞＋名詞（主語）＋動詞＋名詞（目的語）＋前置詞

例 I must send this letter to the English teacher.
　　　私はこの手紙を英語の先生に送らなければなりません。

the English teacher I must send this letter to
　　　私がこの手紙を送らなければならない英語の先生

代入　例

That is **my brother's car**.　　　あれが**兄の車**です。
⇓⇑
That is **the lady I talked with**.　あの方が**私が話した婦人**です。

【名詞化-09　名詞＋不定詞＋前置詞】

基本文

名詞（主語）＋動詞～＋前置詞＋名詞

名詞＋ *to* ＋動詞～＋前置詞

「名詞（主語）＋動詞～＋前置詞＋名詞」という形の英文で、最初の名詞（主語）を省き、最後の名詞を最初に持ってきて、動詞の前に to を加えると、この英文は名詞化される。その意味は使われている動詞や前置詞による。この名詞化の場合も、前置詞はそのまま元の位置に残される。

第3章 名詞化パターン35と副詞化パターン13

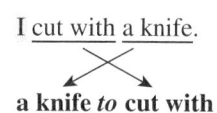

例1

I cut with a knife. 　　　　　私はナイフで切ります。
　　　⤦⤥　　　　　　　　　　　　　⇓
a knife *to* **cut with** 　　　切るナイフ

例2

I cut bread with the knife. 　　私はそのナイフでパンを切ります。
　　　　　⤦⤥　　　　　　　　　　　⇓
the knife *to* **cut bread with** 　パンを切るナイフ

【代入）例】

Their vacation is much longer. 　彼らの休暇はもっと長い。
　　⇓⇑
The knife to cut bread with is much longer.
　　　　　　　　　　　　　　　　　パンを切るナイフはもっと長い。

【名詞化-10　名詞＋不定詞＋過去分詞】

基本文

名詞(主語)＋be＋動詞ed～　　　「…は～される」
　　　⇓　　　　　　　　　　　　　⇓
名詞(主語)＋*to* be＋動詞ed～　　「～されるべき／しなければならない～」

「名詞(主語)＋be＋動詞ed～」(受動態と呼ばれる) という形の英文で、be動詞の前にtoを加えto beにすると、その英文は名詞化され「～されるべき／しなければならない～」という意味になる。(＊「動詞ed」はいわゆる過去分詞と呼ばれるもので、不規則動詞の場合は、異なる形になる。)

例 The car was repaired. 　　　その車は修理されました。
　　　　　⇓　　　　　　　　　　　　　⇓
　　the car *to* be repaired 　　修理されるべき／しなければならない車

【代入）例】

Someone brought **this**. 　　　だれかが**これ**を持ってきました。
　　　　⇓⇑
Someone brought **the car to be repaired**.
　　　だれかが**修理されるべき／しなければならない車**を持ってきました。

-161-

【名詞化-11　疑問代名詞節】

基本文

What ／ Who ／ Which ＋ do ／ does ／ did ＋名詞(主語)＋動詞？
　　　　　　　　　　　　　「～は何／だれ／どれを…しますか？」
⇩　　　　　　　　　　⇩
what ／ who ／ which ＋名詞(主語)＋動詞
　　　　　　　　　　　「～が何／だれ／どれを…するか」

「What ／ Who ／ Which ＋ do ／ does ／ did ＋名詞(主語)＋動詞」という形の疑問文から do、does あるいは did を省くと、この英文は名詞化され、その意味は「～が何／だれ／どれを…するか」となる。(主語が he ／ she ／ it で代表される3人称単数の場合に元の疑問文に does が使われるが、その does を省いた場合、動詞に-s が付く。また過去形の場合は did が使われるが、その did を省いた場合、動詞は過去形となる。)

例1
Who do you meet?　　　　　　　あなたはだれに会いますか？
　⇩　　　　　　　　　　　　　　　⇩
who you meet　　　　　　　　あなたがだれに会うのか

例2
What does Debby like?　　　　　デビーは何が好きですか？
　⇩　　　　　　　　　　　　　　　⇩
what Debby likes　　　　　　デビーは何が好きか

be 動詞の疑問文の場合は、be と名詞(主語)の順序を入れ替えることにより、名詞化することができる。

What／Who／Which ＋ be ＋名詞(主語)？　「～は何／だれ／どちらですか？」

what／who／which ＋名詞(主語)＋ be　　「～が何／だれ／どちらなのか」

例　Who is that lady?　　　　　　あの婦人はだれですか？
　　　　　　　　　　　　　　　　　　⇩
　　who that lady is　　　　　あの婦人がだれなのか

代入　例

I want to know **her address**.　　私は**彼女の住所**を知りたい。
　　⇩⇧
I want to know **what Debby likes**.　私は**デビーは何が好きか**を知りたい。

【名詞化-12　疑問代名詞＋不定詞】

基本文

What ／ Who ／ Which ＋ do ／ does ／ did ＋名詞（主語）＋動詞?
　　　　　　　　　　　　「…は何／だれ／どれを～しますか？」
　　⇓　　　　　　　　　⇓
what ／ who ／ which ＋ *to* ＋動詞
　　　　　　　　　「何／だれ／どれを～するのか／すべきか」

「What ／ Who ／ Which ＋ do ／ does ／ did ＋名詞（主語）＋動詞」という形の疑問文から do ／ does ／ did と名詞（主語）を省き、動詞の前に to を付けると、この英文は名詞化され、その意味は「何／だれ／どれを～するのか／すべきか」となる。

例 Who do you meet?　　　　　　あなたはだれに会いますか？
　　　⇓　　　　　　　　　　　　　⇓
　who *to* meet　　　　　　　だれに会うべきか

be 動詞の疑問文の場合も、名詞（主語）を省き to be とすると、その英文は名詞化される。意味は「何であるべきか／何になるべきか」となる。

What ／ Who ／ Which ＋be ＋名詞（主語）?
　　　　　　　　　　　　「～は何／だれ／どれですか？」
　　　⇓
what ／ who ／ which ＋ *to* be
　　「何／だれ／どれであるべきか」／「何／だれ／どれになるべきか」

例 What is he?　　　　　　　　彼は何ですか（職業は何ですか）？
　　⇓　　　　　　　　　　　　　⇓
　what *to* be　　　　　　　何になるべきか

代入　例

We must decide **the date**.　　私たちは**日取り**を決めなくてはなりません。
　　　⇓⇑
We must decide **who to meet**.
　　　　　　　　　私たちは**だれに会うべきか**を決めなくてはなりません。

【名詞化-13　疑問代名詞節＋前置詞】

> **基本文**
> What ／ Who ／ Which ＋ do ／ does ／ did ＋名詞(主語)＋動詞＋前置詞
> ⇩
> what ／ who ／ which ＋名詞(主語)＋動詞＋前置詞

「What ／ who ／ which ＋ do ／ does ／ did ＋名詞(主語)＋動詞＋前置詞」という形の英文から do ／ does ／ did を省くと、この英文は名詞化される。意味は使われている動詞と前置詞による。（ここで注意すべき点は、前置詞を省略してはいけないということ。）

be 動詞が使われている場合も、be 動詞と名詞（主語）を入れ替えると、名詞化される。

例1
Who do you talk to?　　　　　　あなたはだれと話しますか？
⇩　　　　　　　　　　　　　　　⇩
who you talk to　　　　　　　あなたがだれと話すか

例2
Which knife does he cut with?　　彼はどちらのナイフで切りますか？
⇩　　　　　　　　　　　　　　　⇩
which knife he cuts with　　　彼がどちらのナイフで切るか

例3
Who is she waiting for?　　　　　彼女はだれを待っていますか？
⇩　　　　　　　　　　　　　　　⇩
who she is waiting for　　　　彼女がだれを待っているか

> **代入　例**
> **His report** matters a lot.　　　　**彼の報告**は重要な意味を持ちます。
> ⇩⇧
> **Who she is waiting for** matters a lot.
> 　　　　　　　　　　　　　**彼女がだれを待っているか**は重要な意味を持ちます。

【名詞化-14　疑問代名詞＋不定詞＋前置詞】

基本文

What／Who／Which＋do／does／did＋名詞（主語）＋動詞〜＋前置詞
⇩
what／who／which＋*to*＋動詞〜＋前置詞

「What／Who／Which＋do／does／did＋名詞（主語）＋動詞〜＋前置詞」という形の英文から do／does／did と名詞（主語）を省き、動詞の前に to を付けると、この英文は名詞化される。意味は使われている動詞と前置詞による。（ここでも注意すべき点は、前置詞を省略しないことである。）

例1
Who did she eat with?　　　　　彼女はだれと食べましたか？
⇩　　　　　　　　　　　　　　　　⇩
who *to* eat with　　　　　　　　だれと食べるか／食べるべきか

例2
Which knife did you cut with?
　　　　　　　　　　　　　　あなたはどちらのナイフで切りましたか？
⇩　　　　　　　　　　　　　　　　⇩
which knife *to* cut with　　　どちらのナイフで切る／切るべきか

代入　例

The score is not that important.　　点数はそんなに重要ではありません。
⇩⇧
Who to eat with is not that important.
　　　　　　　　　　だれと食べるかはそんなに重要ではありません。

【名詞化-15　疑問副詞節】

基本文

Where／When／How／Why＋do／does／did＋名詞（主語）＋動詞〜？
　　　　「…はどこで／いつ／どのように／なぜ〜しますか？」
⇩
where／when／how／why＋名詞（主語）＋動詞〜
　　　　「…がどこで／いつ／どのように／なぜ〜するか」

「Where／When／How／Why＋do／does／did＋名詞（主語）＋動詞〜」という形の英文で do／does あるいは did を省くとこの英文は名詞化され、その意味は「〜がどこで／いつ／どのように／なぜ〜するか」となる。

例 Why did she cry?　　　　　　彼女はなぜ泣いたのですか？
　　　⇩　　　　　　　　　　　　　　⇩
　　why she cried　　　　　　　　彼女がなぜ泣いたか

　be動詞が使われている英文の場合、be動詞と名詞（主語）の順序を入れ替えるとこの英文は名詞化される。その意味は「～が何／だれ／どちらなのか」となる。

　　Where／When／How／Why ＋ be ＋名詞（主語）
　　　「～はどこ／いつ／いかが／なぜ～ですか？」

　　where／when／how／why ＋名詞（主語）＋ be
　　　「～がどこ／いつ／いかが／なぜなのか」

例 Where is his father?　　　　　彼のお父さんはどこにいますか？
　　　　　　　　　　　　　　　　　　⇩
　　where his father is　　　　　彼のお父さんがどこにいるか

【代入】例
　No one could guess **her age**.　　だれも**彼女の年齢**を推測できませんでした。
　　　　　　　⇩⇧
　No one could guess **why she cried**.
　　　　　　　　　　　　　　だれも**彼女がなぜ泣いたのか**を推測できませんでした。

【名詞化-16　疑問副詞＋不定詞】

基本文

Where／When／How／Why ＋ do／does／did ＋名詞（主語）＋動詞～？
　「…はどこで／いつ／どのように／なぜ～しますか？」
　　⇩
where／when／how／why ＋ *to* ＋動詞～
　「どこで／いつ／どのように／なぜ～すべきか」

　「Where／When／How／Why ＋ do／does／did ＋名詞（主語）＋動詞～？」という形の英文で、do／doesあるいはdidと名詞（主語）を取り除き、動詞の前にtoを付けるとその英文は名詞化され、その意味は「どこで／いつ／どのように／なぜ～すべきか」となる。

例 How do you solve the problem?
　　　　　　　　　あなたはどのようにしてその問題を解決しますか？
　　⇩　　　　　　　　　　　　⇩
　how *to* solve the problem　　どのようにしてその問題を解決すべきか

　be 動詞が使われている場合は、名詞（主語）を取り除き、be 動詞の前に to を付けて to be という形にすると、その英文は名詞化され、その意味は「どこで／いつ／どのように／なぜ～であるべきか／いるべきか」となる。

例 When are you home?　　　　　あなたはいつ家にいますか？
　　⇩　　　　　　　　　　　　　⇩
　when *to* be home　　　　　いつ家にいるべきか

　動詞の前に can、will、must、could、would、should などの助動詞と呼ばれることばがついている場合も、それらと主語を取り除き、動詞の前に to を付けると名詞化される。

例 How can you be like Rich?
　　　　　　　　　あなたはどのようにしてリッチのようになれますか？
　　⇩　　　　　　　　　　　　⇩
　how *to* be like Rich　　　どのようにしてリッチのようになれるか

> 代入　例
>
> Please tell me **your father's name**.
> 　　　　　　　　　　　あなたのお父さんの名前を教えてください。
> 　　　　　　⇩⇧
> Please tell me **how to solve the problem**.
> 　　　　　　　　　どのようにしてその問題を解決すべきかを教えてください。

【名詞化-17　関係副詞節】

> 基本文
>
> 名詞（主語）＋動詞～＋前置詞＋名詞
>
> *the* 名詞＋名詞（主語）＋動詞～

　「名詞（主語）＋動詞～＋前置詞＋名詞」という形の英文で、「前置詞＋名詞」の部分が、場所、方法、時、理由などに関係する内容の場合、前置詞を省き、そのあとの名詞を先頭に持ってきて、その前に the を付けると、その英文は名詞化され、その意味は「～はどのようにして／いつ／どこで／なぜ～するか／したか」、あるいは「…が～する／した場所・方法・時・理由」となる。名詞の前に this や that などが付いている場合は、それらを省く。

例1

He did it in this way. 彼はこの方法でそれをしました。
⇩
the **way** **he did it** 彼がそれをした方法

例2

She quit the job for that reason. 彼女はその理由で辞職しました。
⇩
the **reason** **she quit the job** 彼女が辞職した理由

例3

I met him in that town. 私はその町で彼に会いました。
⇩
the **town** **I met him** 私が彼に会った町

最初に持ってきた名詞のあとに、how、why、where あるいは when が挿入されることもある。

例1

He did it in this way. 彼はこの方法でそれをしました。
⇩
the **way** *how* **he did it** 彼がいかにそれをしたか

例2

She quit the job for that reason. 彼女はその理由で辞職しました。
⇩
the **reason** *why* **she quit the job** 彼女が辞職した理由

例3

I met him in that town. 私はその町で彼に会いました。
⇩
the **town** *where* **I met him** 私が彼に会った町

代入 例

Her name is very unique. 彼女の名前はとてもユニークです。
⇩⇧
The way he did it is very unique. 彼がそれをした方法はとてもユニークです。

【名詞化-18　疑問副詞節】

基本文

> How ＋副詞／形容詞＋ do ／ does ／ did ＋名詞＋動詞～？
> 　　　　　　　　　　　　　　　　…はどれほど～～しますか？
> ⇩
> how ＋副詞／形容詞＋名詞＋動詞～　…がどれほど～～するか

「How ＋副詞／形容詞＋ do ／ does ／ did ＋名詞(主語)＋動詞～」という形の英文で、do ／ does あるいは did を省くとその英文は名詞化され、その意味は「…がどれほど～～するか」となる。

例 How early do you wake up?　　あなたはどれほど早く起きますか？
　　⇩　　　　　　　　　　　　　　⇩
　　how early you wake up　　　あなたがどれほど早く起きるか

be 動詞が使われている場合は、be 動詞と名詞（主語）の順序を入れ替えると名詞化される。

例1
　　How hard is he working?　　　彼はどれほど熱心に働いていますか？
　　　　　　　　　　　　　　　　　　⇩
　　how hard he is working　　彼がどれほど熱心に働いているか

例2
　　How smart is she?　　　　　　彼女はどれほど頭がいいのですか？
　　　　　　　　　　　　　　　　　　⇩
　　how smart she is　　　　　彼女がどれほど頭がいいのか

代入　例

The boss is not interested in **this proposal**.
　　　　　　　　　　　　　ボスは**この提案**には興味がありません。
　　　　　　　　　⇩⇧
The boss is not interested in **how hard he is working**.
　　　　　　　ボスは**彼がどれほど熱心に働いているか**には興味がありません。

【名詞化-19　疑問副詞＋不定詞】

基本文

How ＋副詞／形容詞＋ do ／ does ／ did ＋名詞（主語）＋動詞～？
　　　　　　　　　　　　　　　　　…はどれほど～しますか？
　　　　　⇓
how ＋副詞／形容詞＋ to ＋動詞　　どれほど～すべきか

「How ＋副詞／形容詞＋ do ／ does ／ did ＋名詞（主語）＋動詞～」という形の英文で、do ／ does あるいは did と名詞（主語）を省き、動詞の前に to を加えるとこの英文は名詞化され、その意味は「どれほど～すべきか」となる。

例 How early do you wake up?　　あなたはどれほど早く起きますか？
　　　　　⇓　　　　　　　　　　　　　　⇓
　　　how early *to* wake up　　どれほど早く起きるべきか

be 動詞が使われている場合は、名詞（主語）を取り除き、be 動詞の前に to を付け to be にすると、この英文は名詞化される。

例 How smart is she?　　　　　彼女はどれほど頭がいいのですか？
　　　　　⇓　　　　　　　　　　　　　　⇓
　　　how smart *to* be　　　　どれほど頭がよくあるべきか

代入　例

He told his son **this story**.　　彼は息子に**この物語**を話しました。
　　　　　　　⇓⇑
He told his son **how smart to be**.
　　　　　　　　　　彼は息子に**どれほど頭が良くあるべきか**を話しました。

【名詞化-20　名詞＋現在分詞】

基本文

名詞（主語）＋ be ＋動詞 ing ～　　…は～をしています／していました
　　　⇓　　　　　　　　　　　　　　　⇓
名詞（主語）＋動詞 ing ～　　　　　…をしている／していた～

「名詞（主語）＋ be 動詞＋動詞 ing ～」という英文（進行形と呼ばれる）で、be 動詞を取り除くとその英文は名詞化される。その意味は「～をしている／していた～」となる。

● 第3章　名詞化パターン35と副詞化パターン13

例 The man is talking with the lady.　　男性はその婦人と話をしています。
　　　　⇩　　　　　　　　　　　　　　　　⇩
　　　the man talking with the lady　　　その婦人と話をしている男性

> **代入　例**
> The athlete suddenly passed out.　**その競技者**は突然気を失いました。
> 　　⇩⇧
> **The man talking with the lady** suddenly passed out.
> 　　　　　　　　　　　　　　　**その婦人と話していた男性**は突然気を失いました。

【名詞化-21　名詞＋過去分詞】

> **基本文**
> 名詞（主語）＋ be ＋動詞 ed ～　　…は～される／されました
> 　　　　⇩　　　　　　　　　　　　　　⇩
> 名詞（主語）＋動詞 ed ～　　　　　…される／された～

「名詞（主語）＋ be ＋動詞 ed ～」という形の英文（受動態と呼ばれる）から be 動詞を取り除くこと、その英文は名詞化される。その意味は「～される／された～」となる。（＊不規則動詞の場合は「動詞 ed」ではなく、別の形になる。）

例 The scroll was found by the archaeologist.
　　　　　　　　　　　　　巻物はその考古学者によって発見されました。
　　　　⇩　　　　　　　　　　　　　　　　　　⇩
　　the scroll found by the archaeologist
　　　　　　　　　　　　　その考古学者によって発見された巻物

> **代入　例**
> Where did they put **the map**?　　彼らは**その地図**をどこに置きましたか？
> 　　⇩⇧
> Where did they put **the scroll found by the archaeologist**?
> 　　　　　　彼らは**その考古学者によって発見された巻物**をどこに置きましたか？

【名詞化-22 名詞節】

基本文

> 名詞(主語)＋動詞／be ～　　　　…は～します／です
> ⇓
> (that)＋名詞(主語)＋動詞／be ～　　…が～すること／であること

　名詞(主語)＋動詞／be ～という形の英文の前に that を加えると、その英文はそっくりそのまま名詞化され、その意味は「～が～する（こ）と／である（こ）と」となる。この that はしばしば省略される。

例1

He speaks English.　　　　　　彼は英語を話します。
⇓　　　　　　　　　　　　　　⇓
(*that*) he speaks English　　　彼が英語を話す（こ）と

例2

This building is dangerous.　　　この建物は危険です。
⇓　　　　　　　　　　　　　　⇓
(*that*) this building is dangerous　この建物が危険である（こ）と

　この名詞化は、次のような動詞を用いる文章の中に使われるのが普通である。

- **announce** ＋ *that* ～　　～と発表する
- **believe** ＋ *that* ～　　～と信じる
- **explain** ＋ *that* ～　　～と説明する
- **guess** ＋ *that* ～　　～と推測する
- **hear** ＋ *that* ～　　～と聞いている
- **hope** ＋ *that* ～　　～と望む
- **imagine** ＋ *that* ～　　～と想像する
- **know** ＋ *that* ～　　～ことを知っている
- **promised** ～ ＋ *that* ～　　…に～と約束する
- **say** ＋ *that* ～　　～と言う
- **suppose** ＋ *that* ～　　～と思う
- **tell** ～ ＋ *that* ～　　…に～と告げる
- **understand** ＋ *that* ～　　～と理解する
- **wish** ＋ *that* ～　　～と願望する
- **It seems** ＋ *that* ～　　～と思える

> 【代入】例
> Everybody knows **the fact**. すべての人は**その事実**を知っています。
> ⇩⇧
> Everybody knows (**that**) **he speaks English**.
> すべての人は**彼が英語を話すこと**を知っています。

【名詞化-23　直接話法】

> 基本文
> 名詞（主語）＋動詞／ be 〜　　　…は〜します／です
> ⇩　　　　　　　　　　　　　　　⇩
> "名詞（主語）＋動詞／ be 〜"　　「…は〜します／です」と

「名詞（主語）＋動詞／ be 〜」という形の英文が、どんな種類の文であっても、" "で囲むと、その英文は名詞化される。この名詞化は、人の言った文の直接的引用になり「『〜は〜します／です』と」という意味になる。" "で囲むのは文字に書いた場合のみで、発音上の変化はない。

> 例　I saw her.　　　　　　　　　私は彼女を見ました。
> ⇩　　　　　　　　　　　　　　　⇩
> "I saw her"　　　　　　　　　　「私は彼女を見ました」と

> 【代入】例
> Someone said **it**.　　　　　　だれかが**それを**言いました。
> ⇩⇧
> Someone said, "**I saw her.**"　だれかが「**私は彼女を見ました**」と言いました。

【名詞化-24　接続詞節】

> 基本文
> 名詞（主語）＋動詞／ be 〜　　　…は〜します／です
> ⇩　　　　　　　　　　　　　　　⇩
> **if ／ whether** ＋名詞（主語）＋動詞／ be 〜（＋ **or not**）
> 　　　　　　　　　　　　　…が〜するかどうか／であるかどうか

「名詞（主語）＋動詞／ be 動詞〜」という形の英文の前に if または whether を加えると、その英文は名詞化され、その意味は「…が〜するかどうか／であるかどうか」となる。最後に or not を付けることもしばしばある。（＊【副詞化-05】参照）

例1
She likes natto. 彼女は納豆が好きです。
⇩ ⇩
***if* she likes natto**(*or not*) 彼女が納豆が好きかどうか

例2
He is retired. 彼は引退しています。
⇩ ⇩
***whether* he is retired**(+ *or not*) 彼が引退しているかどうか

【代入】例
We need to know **the code**. 私たちは**その暗号**を知る必要がある。
⇩⇧
We need to know **if she likes natto (or not)**.
　　　　　　　　私たちは**彼女が納豆が好きかどうか**を知る必要がある。

【名詞化-25　主格疑問代名詞節】

基本文

What ／ Who ／ Which ＋動詞／ be ～
　　　　　何／だれ／どれが～しますか／ですか？
　　　　　　　⇩
what ／ who ／ which ＋動詞／ be ～
　　　　　何／だれ／どれが～するか／であるか

「What ／ Who ／ Which ＋動詞／ be ～」という形の英文で、What ／ Who ／ Which が主語の場合、そのままで名詞化表現になる。そしてその意味は「何／だれ／どれが～するか／であるか」となる。

例1
What happened? 何が起こりましたか？
⇩ ⇩
what happened 何が起こったか

例2
Who is with her? だれが彼女と一緒にいるのですか？
⇩ ⇩
who is with her だれが彼女と一緒にいるのか

> 代入 例
> Can someone tell me **the truth**?
> だれか**本当のこと**を教えてくれませんか？
> ⇅
> Can someone tell me **what happened**?
> だれか**何が起こったのか**を教えてくれませんか？

【名詞化-26　疑問代名詞節】

基本文
> What／Who／Which＋be＋名詞（主語）　…は何／どちら／だれですか？
>
> what／who／which＋名詞（主語）＋be　…が何／どちら／だれなのか
> 　　　　　　　　　　　　　　　　　（または）何／どちら／だれが～か

「What／Who／Which＋be 動詞＋名詞（主語）」という形の英文で、be 動詞と名詞（主語）の順序を入れ替えると、その英文は名詞化される。そしてその意味は「～が何／だれ／どちらなのか」／「何／だれ／どちらが～か」となる。

例1
What is this?　　　　　　　　これは何ですか？
　　⇓
what this is　　　　　　　　これが何であるか

例2
What is it good for?　　　　それは何に役立つのですか？
　　⇓
what it is good for　　　　それが何に役立つのか

> 代入 例
> **This** is today's theme.　　**これ**が今日のテーマです。
> ⇅
> **What it is good for** is today's theme.
> 　　　　　　**それが何に役立つのか**が今日のテーマです。

【名詞化-27　主格関係代名詞節】

基本文

名詞(主語)＋動詞／be 〜　　　…は〜します／〜です
⇩
what＋動詞／be 〜　　　〜するもの／〜であるもの

　「Something ＋動詞／be 〜」という形の英文の Something を what に置き換えると、その英文は名詞化される。その意味は「〜するもの／〜であるもの」となる。

例1
Something happened this morning.　今朝何かが起こりました。
⇩　　　　　　　　　　　　　　　⇩
what happened this morning　　今朝起こったこと

例2
Something is in that box.　　その箱の中に何かがある。
⇩　　　　　　　　　　　　　　⇩
what is in that box　　　　　その箱の中にあるもの

この名詞化は外見的には【名詞化-25】と同じだが、意味がまったく異なる。
what happened this morning→【名詞化-25】今朝何が起こったか
　　　　　　　　　　　　　→【名詞化-27】今朝起こったこと
what is in that box →【名詞化-25】その箱の中に何があるか
　　　　　　　　　　→【名詞化-27】その箱の中にあるもの

代入　例
This is **the answer**.　　　　　　　これが**その答え**です。
⇩⇧
This is **what happened this morning**.　これが**今朝起こったこと**です。

【名詞化-28　目的格関係代名詞節】

基本文

名詞(主語)＋動詞＋名詞(目的語)　　…は〜を〜します
⇩
what＋名詞(主語)＋動詞　　　　　…が〜するもの

　「名詞(主語)＋動詞＋名詞(目的語)」という形の英文で、名詞(目的語)を what に置き換えて先頭に持ってくると、その英文は名詞化され、その意味は「〜が〜するもの」となる。

第3章 名詞化パターン35と副詞化パターン13

例1

I ordered this magazine. 　　　私はこの雑誌を注文しました。
　　　　　↓
what I ordered 　　　　　　　私が注文したもの

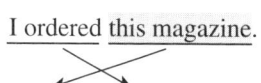

この名詞化は外見的には【名詞化-11】と同じだが、意味がまったく異なる。
what I ordered →【名詞化-11】私が何を注文したか
　　　　　　　 →【名詞化-28】私が注文したもの

代入 例

You may be surprised at **the report**.
　　　　　　　　　　　　　　あなたは**その報告**に驚くかもしれません。
　　　　　↓↑
You may be surprised at **what I ordered**.
　　　　　　　　　　　　　　あなたは**私が注文したもの**に驚くかもしれません。

【名詞化-29　関係代名詞節＋前置詞】

基本文

名詞（主語）＋動詞＋前置詞＋名詞
　　　　　↓
what ＋名詞（主語）＋動詞＋前置詞

「名詞（主語）＋動詞＋前置詞＋名詞」という形の英文で、前置詞のあとの名詞を what に置き換えて先頭に持ってくると、その英文は名詞化される。その意味は使われている動詞と前置詞による。ここで大切なことは、前置詞を元の位置にそのまま残すことである。

例1

They talk about something. 　　彼らは何かについて話します。
　　　　　↓
what they talk about 　　　　　彼らが話すこと（内容）

例2

He was thinking of it. 　　　　　彼はそれについて考えていました。
　　　　　↓
what he was thinking of 　　　　彼が考えていたこと（内容）

この名詞化は外見的には【名詞化-13】と同じだが、意味がまったく異なる。

what they talk about → 【名詞化-13】彼らが何について話すか
　　　　　　　　　　 → 【名詞化-29】彼らが話すこと（内容）
what he was thinking of → 【名詞化-13】彼が何のことを考えていたか
　　　　　　　　　　　　→ 【名詞化-29】彼が考えていたこと（内容）

> 代入　例
> **Her outfit** was rather unusual.　　　彼女の服装はかなり異例でした。
> ⇓⇑
> **What he was thinking of** was rather unusual.
> 　　　　　　　　　　　　　　　　彼が考えていたことはかなり異例でした。

【名詞化-30　目的格関係代名詞節】

> 基本文
> What ／ Who ／ Which ＋do ／ does ／ did ＋名詞(主語)＋動詞
> 　　　　　　　　　　　　　　　　…は何／だれ／どれを～しますか？
> 　　　⇓　　　　　　　　　　　⇓
> what*ever* ／ who*ever* ／ which*ever* ＋名詞（主語）＋動詞
> 　　　　　　　　　　　　　　…が～する人／物は何／だれ／どれでも

「What ／ Who ／ Which ＋ do ／ does ／ did ＋名詞(主語)＋動詞」という形の英文の what ／ who ／ which に ever を加え、whatever ／ whoever ／ whichever とし、do ／ does ／ did を省くと、その英文は名詞化され、その意味は「…が～する人／物は何／だれ／どれでも」となる。(＊【副詞化-09】参照)

例1
What do you choose?　　　　　あなたは何を選びますか？
　⇓　　　　　　　　　　　　　　　⇓
what*ever* you choose　　　あなたが選ぶものは何でも

例2
Which does she like?　　　　　彼女はどちらが好きですか？
　⇓　　　　　　　　　　　　　　　⇓
which*ever* she likes　　　彼女が好きなものはどちらでも

「What ／ Who ／ Which ＋ do ／ does ／ did ＋名詞(主語)＋動詞～＋前置詞」のように最後に前置詞がある場合、what ／ who ／ which を whatever ／ whoever ／ whichever とし、do ／ does ／ did を省いて名詞化される。注意すべき点は、前置詞は元の位置に残されたままになることである。

What ／ Who ／ Which ＋do ／ does ／ did ＋名詞(主)＋動詞〜＋前置詞
⇩
what*ever* ／ who*ever* ／ which*ever* ＋名詞(主)＋動詞〜＋前置詞

例 Who does she dance with?　　彼女はだれとダンスをしますか？
　　⇩　　　　　　　　　　　　　⇩
　who*ever* she dances with　　彼女が一緒にダンスする人はだれでも

【代入】例
　I will take **your money**.　　私は**あなたのお金**を受け取りましょう。
　　　　　⇩⇧
　I will take **whatever you choose**.
　　　　　　　　　　　　　　　私は**あなたが選ぶものは何でも**受け取りましょう。

【名詞化-31　主格関係代名詞節】

基本文

Who ／ What ／ Which ＋動詞〜　　だれ／何／どれが〜しますか？
⇩　　　　　　　　　　　　　　　　⇩
who*ever* ／ what*ever* ／ which*ever* ＋動詞〜
　　　　　　　　　　　　　　〜する人／物はだれ／何／どれでも

「Who ／ What ／ Which（主語）＋動詞〜」という形の英文で、すなわち who ／ what ／ which が主語の場合、それらに ever を加えて whoever ／ whatever ／ whichever とすると、その英文は名詞化され、その意味は「〜する人／物はだれ／何／どれでも」となる。（＊【副詞化-10】参照）

例1
　Who knows the answer?　　　　だれがその答を知っていますか？
　　⇩　　　　　　　　　　　　　　⇩
　who*ever* knows the answer　　その答を知っている人はだれでも

例2
　What is uncertain?　　　　　　何が不確かですか？
　　⇩　　　　　　　　　　　　　　⇩
　what*ever* is uncertain　　　　不確かなものは何でも

【代入】例
　You must write it down.　　**あなたは**それを書き留めなければなりません。
　　　⇩⇧
　Whoever knows the answer must write it down.
　　　　その答を知っている人はだれでもそれを書き留めなければなりません。

-179-

【名詞化-32　名詞＋関係代名詞節】

基本文

名詞（主語）＋動詞〜　　　　　…は〜します／〜です
⇩　　　　　　　　　　　　　　⇩
名詞（主語）＋ who ／ which ／ that ＋動詞〜　〜する／である〜は

「名詞（主語）＋動詞〜」という形の英文で、名詞（主語）のあとに who、which あるいは that を挿入すると、その英文は名詞化される。その意味は「…する／である〜は」となる。名詞（主語）が人の場合は who、人以外の場合は which、そして限定的な場合、たとえば the first country（最初の国）のような場合は that を使う傾向がある。

例1

The boy speaks English.　　　その少年は英語を話します。
⇩　　　　　　　　　　　　　⇩
the boy *who* speaks English　英語を話す少年

例2

The scroll was found in the cave.　　その巻物は洞穴で発見されました。
⇩　　　　　　　　　　　　　　　　⇩
the scroll *which* was found in the cave　洞穴で発見された巻物

（＊【名詞化-21】のように the scroll found in the cave としてもまったく同じ意味になる。）

代入　例

The teacher showed us **the result**.
　　　　　　　　　　　先生は私たちに**その結果**を見せてくれました。
⇩⇧
The teacher showed us **the scroll which was found in the cave**.
　　　　　　　　　　　先生は私たちに**洞穴で発見された巻物**を見せてくれました。

【名詞化-33　名詞＋不定詞】

基本文

名詞（主語）＋動詞／ be 〜　　　…は〜します／〜です
⇩　　　　　　　　　　　　　　⇩
名詞（主語）＋ to ＋動詞／ be 〜
　　　…すべき〜／…することになっている〜／…であるべき〜

「名詞（主語）＋動詞／ be 〜」という形の英文で、動詞あるいは be 動詞の前に to を挿入すると、その英文は名詞化され、その意味は「…すべき〜／…することになっている〜／…であるべき〜」となる。

例 1

The teacher teaches this class.　　その先生はこのクラスを教えます。
　　　　⇩　　　　　　　　　　　　　　　⇩
the teacher *to* teach this class　このクラスを教えことになっている先生

この名詞化は【名詞化-07】に似ているが、動詞に対し実質的な主語であるかあるいは目的語であるかの違いがある。

　【名詞化-07】 **the message to preach**　　説教すべきメッセージ
　【名詞化-33】 **the man to preach**　　　　説教すべき人

代入 例

The little girl was not that happy.
　　　　　　　その小さな女の子はそんなにうれしそうではありませんでした。
　　　　⇩⇧
The teacher to teach this class was not that happy.
　　　　　　　このクラスを教えることになっている先生はそんなにうれしそうではありませんでした。

【名詞化-34　関係代名詞節】

基本文

名詞（主語）＋動詞〜	…は〜します／〜です
⇩	
those who ＋動詞〜	〜する人たち／〜である人たち

「名詞（主語）＋動詞〜」という形の英文で、名詞（主語）を those who に置き換えると、その文書は名詞化され、その意味は「〜する人たち／〜である人たち」となる。

　例 They eat beef every day.　　彼らは毎日牛肉を食べます。
　　　　　　⇩　　　　　　　　　　　　⇩
　　those who eat beef every day　毎日牛肉を食べる人たち

名詞（主語）が単数の場合は、those who が he who あるいは the one who になる。

　例 John is sleepy.　　　　　ジョンは眠いです。
　　　　⇩　　　　　　　　　　　⇩
　　he who is sleepy　　　　眠い人

-181-

代入 例

Our family easily get fat.　　　私たち家族は簡単に太ってしまいます。
⇓⇑
Those who eat beef every day easily get fat.
　　　　毎日牛肉を食べる人たちは簡単に太ってしまいます。

【名詞化-35　所有格関係代名詞節】

基本文

名詞's ＋名詞(主語)＋動詞／be ～　　…の～は～します／～です
⇓　　　　　　　　　　　　　　　⇓
名詞＋*whose* ＋名詞＋動詞／be ～
　　　　　　　　　　（その人の）…が～する～／…であろう～

「名詞's ＋名詞(主語)＋動詞／be ～」という形の英文で、「名詞's ＋名詞(主語)」の's の部分を whose に置き換えると、その英文は名詞化される。その意味は「(その人の) …が～する～／…である～」となる。

例 The girl's father died last week.
　　　　　　　　　その少女のお父さんは先週亡くなりました。
⇓　　　　　　　　⇓
the girl *whose* father died last week　　お父さんが先週亡くなった少女

「名詞's ＋名詞」が目的語であったり、あるいは前置詞のあとに使われている英文でも、's を whose に置き換えると名詞化される。その場合、すでに学んだパターンに従って、語順が変わる。

例 I work for my friend's uncle.
　　　　　　　　　私は友人の叔父さんのところで働いています。
⇓
my friend *whose* uncle I work for
　　　　　　　　　私がその叔父さんのところで働いている友人

代入 例

We still cannot accept the fact.
　　　私たちはいまだにその事実を受け入れることができません。
⇓⇑
The girl whose father died last week still cannot accept the fact.
お父さんが先週亡くなった少女はいまだにその事実を受け入れることができません。

2 副詞化パターン 13

　英文を副詞化し、他の英文の副詞と置き換える場合、入れ替えの対象となる副詞は、意味に不自然さが残らなければ、そのまま残しておくことができる。

【副詞化-01　不定詞句】

基本文

名詞（主語）＋動詞／ be ～	…は～します／～です
⇓	⇓
to＋動詞／ be ～	～するために／～になるために

　「名詞（主語）＋動詞／ be ～」という形の英文で、名詞（主語）を省き、動詞の前に to を付けると、その英文は副詞化される。その意味は「～するために／～になるために」となる。

例1
We study English.　　　　　　私たちは英語を勉強します。
　　⇓　　　　　　　　　　　　　　⇓
to study English　　　　　　英語を勉強するために

例2
She is a math teacher.　　　　彼女は数学の先生です。
　　⇓　　　　　　　　　　　　　　⇓
to be a math teacher　　　　数学の先生になるために

　この副詞化は、【名詞化-03】【名詞化-04】の名詞化とまったく同じ形だが、意味が異なる。

to study English　【名詞化-03】→　英語を勉強すること
　　　　　　　　　【副詞化-01】→　英語を勉強するために
to be a math teacher　【名詞化-04】→　数学の先生になること
　　　　　　　　　　　【副詞化-01】→　数学の先生になるために

代入　例
My brother studies hard **everyday**.　弟は**毎日**一生懸命勉強します。
　　　　　　　　　　　⇓⇑
My brother studies hard **to be a math teacher**.
　　　　　　　　　　　　弟は**数学の先生になるために**一生懸命勉強します。

【副詞化-02　前置詞＋動名詞句】

基本文

> 名詞(主語)＋動詞／be 〜　　　　…は〜します／〜です
> ⇩
> **by** ／ **without** ＋動詞 **ing** ／ be**ing**　〜することにより／〜しないで

「名詞(主語)＋動詞／be 〜」という形の英文で、名詞（主語）を省き、動詞の前に by あるいは without を付け、動詞のあとに -ing を付けると、その英文は副詞化される。その意味は「〜することにより（by を使う場合）／〜しないで（without を使う場合）」となる。

例1
We work hard.　　　　　　　私たちは一生懸命働きます。
⇩　　　　　　　　　　　　　⇩
by work***ing*** hard　　　　　　一生懸命働くことにより

例2
The boss reads the report.　　上司はそのレポートを読みます。
⇩　　　　　　　　　　　　　⇩
without read***ing*** the report　そのレポートを読まずに

このタイプの副詞化は、by、without 以外にも、after、before、while、when などが使われる。意味は以下のとおりである。

- **after reading the report**　　そのレポートを読んでから
- **before reading the report**　そのレポートを読む前に
- **while reading the report**　　そのレポートを読みながら
- **when reading the report**　　そのレポートを読んでいるとき

代入　例

Don't get disappointed **yet**.　　まだ失望してはいけません。
　　　　　　⇩⇧
Don't get disappointed **without reading the report**.
　　　　　　　　　　そのレポートを読まずに失望してはいけません。

【副詞化-03　疑問副詞＋過去分詞句】

基本文

名詞(主語)＋ be ＋動詞 ed 〜　　　…は〜される
⇩
when／as ＋動詞 ed 〜　　　〜されたとき／〜されているように

「名詞(主語)＋ be ＋動詞 ed 〜」という形の英文(受動態と呼ばれる)で、名詞(主語)と be 動詞を省き、先頭に when あるいは as を付けると、その英文は副詞化される。その意味は「〜されたとき(when を使う場合)／〜されているように(as を使う場合)」となる。(＊不規則動詞の場合は動詞 ed ではなく、別の形になる。)

例1

The boy was scolded by the teacher.　少年は先生に叱られました。
⇩　　　　　　　　　　　　　　　　　　⇩
when scolded by the teacher　　　　先生に叱られたとき

例2

It was shown on the screen.　　　　　それはスクリーンに映し出されました。
⇩　　　　　　　　　　　　　　　　　　⇩
as shown on the screen　　　　　　　スクリーンに映し出されているように

代入　例

The business is picking up **recently**.　　最近、商売が上向きになっています。
⇩⇧
The business is picking up **as shown on the screen**.
　　　　　　　スクリーンに映し出されているように、商売が上向きになっています。

【副詞化-04　副詞節（時・理由など）】

基本文

名詞(主語)＋動詞／ be 〜
⇩
接(時／理由)＋名詞(主語)＋動詞／ be 〜

「名詞(主語)＋動詞／ be 〜」という形の英文の前に、時や理由を表す接続詞と呼ばれている語を付けると、その英文は副詞化される。意味は使う接続詞による。(＊【副詞化-04】と【副詞化-05】は同類と考えてよい。)

例1
She ate breakfast.　　　　　　　彼女は朝食を食べました。
　　⇩　　　　　　　　　　　　　　⇩
before she ate breakfast　　　　彼女が朝食を食べる前

例2
Dad was reading the paper.　　　お父さんは新聞を読んでいました。
　　⇩　　　　　　　　　　　　　　⇩
while Dad was reading the paper　お父さんが新聞を読んでいる間

時を表す接続詞は、before、while 以外に以下のようなものがある。
- **after ~**　　　　〜したあとに
- **as ~**　　　　　〜している最中に
- **until ~**　　　　〜するまで
- **when ~**　　　　〜するとき
- **as soon as ~**　　〜するや否や
- **since ~**　　　　〜して以来
- **every time ~**　　〜するときはいつも

例3
He could come.　　　　　　　　彼は来ることができました。
　　⇩　　　　　　　　　　　　　　⇩
because he could come　　　　彼が来ることができたので

理由を表す接続詞は、because 以外に以下のようなものがある。
- **as ~**　　　　　〜なので
- **since ~**　　　　〜のようなので
- **for ~**　　　　　なぜなら〜であるから（間接的理由）

代入　例

Mom went shopping **with my sister**.
　　　　　　　　　　　　　　　　お母さんは**妹と一緒に**買い物に行きました。
　　　　　　　⇩⇧
Mom went shopping **while Dad was reading the paper**.
　　　　　　お母さんは**お父さんが新聞を読んでいる間に**買い物に行きました。

【副詞化-05　副詞節（条件など）】

> **基本文**
> 名詞(主語)＋動詞／ be 〜
> ⇩
> *接(条件)*＋名詞(主語)＋動詞／ be 〜

「名詞(主語)＋動詞／ be 〜」という形の英文の前に、条件を現す接続詞と呼ばれる語を付けると、その英文は副詞化される。意味は使われる接続詞による。(＊【副詞化-04】と【副詞化-05】は同類。)

例 All of them come.　　　　　　彼ら全員が来ます。
　　　⇩　　　　　　　　　　　　　⇩
　　if all of them come　　　　　もし彼ら全員が来るなら

この副詞化は、【名詞化-24】と形が同じだが、意味が異なる。
if all of them come　【名詞化-24】→　彼ら全員が来るかどうか
　　　　　　　　　　　【副詞化-05】→　もし彼ら全員が来るなら
条件を現す接続詞は、if 以外に以下のようなものがある。

- **even if** 〜　　　　　たとえ〜でも
- **though** 〜　　　　　〜にもかかわらず
- **as though** 〜　　　　あたかも〜ように
- **even though** 〜　　　仮に〜としても
- **once** 〜　　　　　　一旦〜ならば
- **unless** 〜　　　　　〜しない限り
- **lest** 〜　　　　　　〜しないように
- **provided**（that）〜　〜という条件で
- **supposing** 〜　　　　〜だとしたら

> **代入　例**
> Our living-room will be jam-packed **tonight**.
> 　　　　**今夜**、私たちの居間はぎゅうぎゅう詰めになるでしょう。
> 　　　　　　　　⇩⇧
> Our living-room will be jam-packed **if all of them come**.
> 　　**もし彼ら全員が来るなら**、私たちの居間はぎゅうぎゅう詰めになるでしょう。

【副詞化-06　現在分詞句】

> **基本文**
>
> 名詞(主語)＋ be ＋動詞 ing 〜　　　…は〜しています
> ⇩　　　　　　　　　　　　　　　　⇩
> 動詞 ing 〜　　　　　　　　　　　〜しながら／〜しているとき

「名詞(主語)＋ be ＋動詞 ing 〜」という形の英文（進行形と呼ばれている）から、名詞（主語）と be 動詞を取り除くと、その英文は副詞化される。その意味は「〜しながら／〜している時」である。

例 They were arguing about the issue.
　　　　　　　　　　　　　彼らはその問題について議論していました。
　　⇩　　　　　　　　　　　　　⇩
　arguing about the issue
　　　　　　　　　　　その問題について議論しながら／しているとき

この副詞化と【名詞化-01】は、形は同じだが、意味が異なる。
arguing about the issue　【名詞化-01】　→その問題について議論すること
　　　　　　　　　　　　【副詞化-06】　→その問題について議論しながら

> **代入　例**
>
> **In the meeting**, my boss cursed his opponent.
> 　　　　　　　　**会議中**、私の上司は対立相手をののしりました。
> 　　⇩⇧
> **Arguing about the issue**, my boss cursed his opponent.
> 　　**その問題について議論しているとき**、私の上司は対立相手をののしりました。

【副詞化-07　過去分詞句】

> **基本文**
>
> 名詞(主語)＋ be ＋動詞 ed 〜　　　…は〜される
> ⇩　　　　　　　　　　　　　　　　⇩
> 動詞 ed 〜　　　　　　　　　　　〜されて／〜されたので

「名詞(主語)＋ be 動詞＋動詞 ed 〜」という形の英文（受動態と呼ばれている）から、名詞（主語）と be 動詞を取り除くと、その英文は副詞化される。その意味は「〜されて／〜されたので」となる。（＊「動詞 ed」は不規則動詞の場合、別の形になる。）

第 3 章　名詞化パターン 35 と副詞化パターン 13

例 He was hit by a car.　　　　　彼は車にはねられました。
⇩　　　　　　　　　　　　　⇩
hit by a car　　　　　　　　車にはねられて／たので

代入　例

Late last night, the old man lost his consciousness.
　　　　　　　　　　　　　　　昨日の夜遅く、その老人は意識を失いました。
⇩⇧
Hit by a car, the old man lost his consciousness.
　　　　　　　　　　　　　　　車にはねられて、その老人は意識を失いました。

【副詞化-08　副詞節】

基本文

Where ／ When ／ How ＋ do ／ does ／ did ＋名詞(主語)＋動詞〜?
　　　　　　　…はどこで／いつ／どのように〜しますか？
⇩
wher*ever* ／ when*ever* ／ how*ever* ＋名詞(主語)(＋ *may*)＋動詞〜
　　　…がどこで〜しても／…が〜するところはどこでも／…がいつ〜しても／…が〜するときはいつでも／…がどのように〜しても

「Where ／ When ／ How ＋ do ／ does ／ did ＋名詞(主語)＋動詞〜」という形の英語で、where、when あるいは how に ever を追加し wherever、whenever あるいは however とし、do ／ does ／ did を省くと、その英文は副詞化される。意味は「…がどこで〜しても／…が〜するところはどこでも／…がいつ〜しても／…が〜するときはいつでも／…がどのように〜しても」となる。動詞の前に may を付けることもしばしばである。

例1
Where do you go?　　　　　あなたはどこに行きますか？
⇩　　　　　　　　　　　　⇩
wher*ever* you(*may*)go　　　あなたがどこに行っても

例2
When do they visit Japan?　　彼らはいつ日本を訪問しますか？
⇩　　　　　　　　　　　　　⇩
when*ever* they visit Japan　　彼らが日本を訪問するときはいつでも

例3
How do you cook it?　　　　　あなたはそれをどのように料理しますか？
⇓　　　　　　　　　　　　　⇓
how*ever* you cook it　　　　あなたはそれをどのように料理しても

> **代入　例**
> It rains heavily **this year**.　　今年はよく雨が降ります。
> 　　　　　⇓⇑
> It rains heavily **whenever they visit Japan**.
> 　　　　　彼らが日本を訪問するときはいつでもよく雨が降ります。

【副詞化-09　目的格副詞節】

基本文

What ／ Who ／ Which ＋ do ／ does ／ did ＋名詞（主語）＋動詞
　　　　　　　　　　　　　　　…は何／だれ／どれを～しますか？
⇓　　　　　　　　　　　　⇓
what*ever* ／ who*ever* ／ which*ever* ＋名詞（主語）＋動詞
　　　　　　　　　　　　　　　…が何／だれ／どれを～しても

「What ／ Who ／ Which ＋ do ／ does ／ did ＋名詞（主語）＋動詞」という形の英文で、what ／ who ／ which に ever を付け whatever ／ whoever ／ whichever に変え、do ／ does ／ did を省くと、その英文は副詞化される。その意味は「…が何／だれ／どれを～しても」となる。

例 What did you see there?　　　あなたはそこで何を見ましたか？
⇓　　　　　　　　　　　　　⇓
what*ever* you saw there　　　あなたがそこで何を見たとしても

この副詞化は【名詞化-30】と形は同じだが、意味が異なる。
whatever you saw there　【名詞化-30】→　あなたがそこで見たものは何でも
　　　　　　　　　　　　【副詞化-09】→　あなたがそこで何を見たとしても

「What ／ Who ／ Which ＋ do ／ does ／ did ＋名詞（主語）＋動詞〜＋前置詞」のように最後に前置詞が付く場合、同じよう what ／ who ／ which に ever を付け whatever ／ whoever ／ whichever とし、do ／ does ／ did を省くと、その英文は副詞化されるが、前置詞は元の位置に残されたままになる。

第3章　名詞化パターン35と副詞化パターン13

What ／ Who ／ Which ＋ do ／ does ／ did ＋名詞（主語）＋動詞～＋前置詞
⇓
what*ever* ／ who*ever* ／ which*ever* ＋名詞（主語）＋動詞～＋前置詞

例 Who did she talk to?　　　彼女はだれと話しましたか？
　　　⇓　　　　　　　　　　　　　⇓
　　who*ever* she talked to　　彼女だれと話したとしても

この副詞化も【名詞化-30】と形は同じだが、意味が異なる。
whoever she talked to　【名詞化-30】→　彼女が話をした人はだれでも
　　　　　　　　　　　【副詞化-09】→　彼女がだれと話したとしても

代入　例
No one would believe her **in that situation**.
　　　　　　　　　　　その状況下では、だれも彼女を信じないでしょう。
　　　　　　　　　　　⇓⇑
No one would believe her **whoever she talked to**.
　　　　　　　　　彼女がだれと話したとしても、だれも彼女を信じないでしょう。

【副詞化-10　主格副詞節】

基本文
Who ／ What ／ Which ＋動詞～　　だれ／何／どれが～しますか？
　　⇓　　　　　　　　　　　　　　　⇓
who*ever* ／ what*ever* ／ which*ever* ＋動詞～
　　　　　　　　　　　　　　　　だれ／何／どれが～しても

「Who ／ What ／ Which（主語）＋動詞～」という形の英文、すなわち Who ／ What ／ Which が主語の場合、文の形はそのままで who ／ what ／ which に ever を付けて whoever ／ whatever ／ whichever とすると、その英文は名詞化される。その意味は「だれ／何／どれが～しても」となる。

例 Who knocks on the door?　　だれがドアをたたきますか？
　　　⇓　　　　　　　　　　　　　⇓
　　who*ever* knocks on the door　だれがドアをたたいても

この副詞化は【名詞化-31】と形は同じだが、意味が異なる。
whoever knocks on the door　【名詞化-31】→　ドアをたたく人はだれでも
　　　　　　　　　　　　　　【副詞化-10】→　だれがドアをたたいても

> 代入　例
>
> Never ever answer **when you are alone**.
> 　　　　　　　　　あなたが1人のときは、決して絶対返答してはいけません。
> ⇩⇧
> Never ever answer **whoever knocks on the door**.
> 　　　　　　　　　だれがドアをたたいても、決して絶対返答してはいけません。

【副詞化-11　副詞節】

基本文

> How ＋副＋ do ／ does ／ did ＋名詞(主語)＋動詞～？
> 　　　　　　　　　…はどれほど～、～しますか？
> ⇩　　　　　　　　　⇩
> how*ever* ＋副＋名詞(主語)＋動詞～　…がどれほど～しても

「How ＋副詞＋ do ／ does ／ did ＋名詞(主語)＋動詞～」という形の英文で、how のあとに ever を付け、do ／ does ／ did を省くと、その英文は副詞化される。その意味は「…がどれほど～しても」となる。

例 How hard did he push it?　　彼はそれをどれほど強く押しましたか？
　　　⇩　　　　　　　　　　　　⇩
　　how*ever* hard he pushed it　彼がそれをどれほど強く押しても

How のあとに副詞がなく「How ＋ do ／ does ／ did ＋名詞(主語)＋動詞～」という形の英文の場合、how のあとに ever を付け、do ／ does ／ did を省くと、「～がどんなに～しても」という意味になる。これは【副詞化-08】と同じと見なすことができる。

例 How do you pronounce the word?
　　　　　　　　　　　あなたはその単語をどのように発音しますか？
　　　⇩　　　　　　　　　　　⇩
　　how*ever* you pronounce the word
　　　　　　　　　　　あなたはその単語をどのように発音しても

「How ＋形容詞＋ be 動詞＋名詞(主語)？」という形の英文では、how のあとに ever を付け、be 動詞と名詞（主語）の順序を入れ替えると、その英文は副詞化される。その場合、be 動詞の前に may が付くのが普通である。そ意味は「…がどれほど～であっても」である。

How ＋形＋ be ＋名詞（主）？　　　　　～はどれほど～ですか？

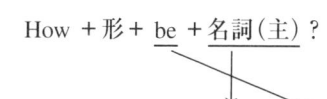

however ＋形＋名詞（主）＋ may be　　～がどれほど～であっても

例 How patient is she?　　　　　　彼女はどれほど忍耐強いですか？

⇓

however patient she may be　　　　彼女がどれだけ忍耐強くても

代入　例

The students wouldn't be able to tell the difference **for a while**.
　　しばらくの間、学生たちはその違いを区別することはできないでしょう。

⇓⇑

The students wouldn't be able to tell the difference **however you pronounce the words**.
　　あなたがそれらの単語をどのように発音しても、学生たちはその違いを区別することはできないでしょう。

【副詞化-12　副詞節（比較級を用いた節）】

基本文

名詞（主語）＋動詞＋副（比較級）　　　…はもっと～～します

⇓

the ＋副（比較級）＋名詞（主語）＋動詞　　…が～すればするほど

「名詞（主語）＋動詞＋副詞の比較級」という形の英文で、「名詞（主語）＋動詞」と「副詞の比較級」の順序を入れ替え、その前に the を加えることにより、副詞化することができる。その意味は「…が～すればするほど」である。

例 She speaks faster.　　　　　　彼女はもっと速く話します。

the faster she speaks　　　　　　彼女が速く話せば話すほど

このタイプの副詞化が2つ使われると、1つの英文が完成するという特異性がある。

例 **She speaks faster.** ＋ *It is* **more difficult to understand.**

⇓

The **faster she speaks**, *the* **more difficult it is to understand.**
　　彼女が速く話せば話すほど、理解するのがもっと難しくなる。

「名詞（主語）＋ be ＋形容詞の比較級」という形の英文の場合も、「名詞（主語）＋ be」と「形容詞の比較級」の順序を入れ替え、その前に the を加えることにより、副詞化することができる。その意味は「…が〜すればするほど」である。

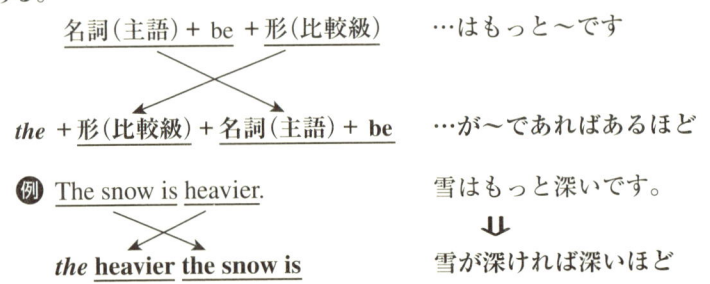

名詞（主語）＋ be ＋形（比較級）　　…はもっと〜です

the ＋形（比較級）＋名詞（主語）＋ be　　…が〜であればあるほど

例　The snow is heavier.　　　　雪はもっと深いです。
　　⇩　　　　　　　　　　　　　　⇩
　　the heavier the snow is　　　雪が深ければ深いほど

この場合も、似たような2つの副詞化を合わせることにより、1つの文章が完成する。

例　**The snow is heavier.** ＋ **The forest becomes quieter.**
　　　　　　　　⇩
　　***The* heavier the snow is,** *the* **quieter the forest becomes.**
　　　　　　　　　　　　雪が深ければ深いほど、森はもっと静かになる。

【副詞化-13　副詞節】

基本文

名詞（主語）＋動詞／ be 〜　　　　…は〜します／〜です
　　⇩　　　　　　　　　　　　　　　⇩
that ＋名詞（主語）＋動詞／ be 〜
　　　　　　　　　　　　…が〜するので／〜なので、それゆえ〜は〜します

「名詞（主語）＋動詞／ be 動詞〜」という形の英文の前に that を加えると、その英文は副詞化される。この副詞化は物事の原因「…が〜するので／〜なので」や、結果「それゆえ…は〜します」を意味する。特に感情的表現と一緒に使われる場合はその原因を指し示す。原因を意味する場合、that が省かれることもある。

（例1）She came.　　　　　彼女は来ました。
　　　　⇩　　　　　　　　　　⇩
　　　that she came　　　　彼女が来たので

-194-

> 第 3 章　名詞化パターン 35 と副詞化パターン 13

> 挿入　例

I am glad ＋ *that* she came
⇩
I am glad *that* she came.　　　私は**彼女が来たので**喜んでいます。

この副詞化は【名詞化-22】と形は同じだが、意味が異なる。

that she came　【名詞化-22】→　彼女が来たこと
　　　　　　　　【副詞化-13】→　彼女が来たので

例2

He went to bed early.　　　　　彼は早く床につきました。
⇩
that he went to bed early　　　それで彼は早く床につきました

> 挿入　例

He was so tired ＋ **he went to bed early**
⇩
He was so tired *that* **he went to bed early**.
　　　　　　　　　彼はとても疲れていたので**早く床につきました**。

この副詞化も【名詞化-22】と形は同じだが、意味が異なる。

that he went to bed early　【名詞化-22】→　彼が早く床についたこと
　　　　　　　　　　　　　【副詞化-13】→　それで彼は早く床につきました

スピーキングが上達する効果的な学習法

応用言語の発展

　英語がペラペラなアメリカ人の子どもでも、さらに学校や家庭で、あるいは読書等で英語のレベルを上げていく。これが応用英語である。**YouCanSpeak** の使命は基礎構造の構築であり、それが完成しただけでもかなりの実力である。でもさらに応用英語力を身につけたければ、**YouCanSpeak** の学習終了後、以下のような学びを続けることをお勧めする。

　第一に勧めるのは音読である。音読が大切なのは、音読するときにのみ音声と意味が共存しているからである。速読の練習も非常に大切であるが、スピーキングに関しては音読の価値は計り知れない。その音読を長続きさせるためには、自分にとって興味深い内容を選ぶ必要がある。

　第二に勧めるのは、良い英語の映画などを、セリフを暗記してしまうほど繰り返し見ることである。そして登場人物になったかのごとくにセリフをまねすれば、その効果は抜群である。

　第三は、同じ英語のニュースを何度も聞くことである。ニュースの内容があらかじめわかっているほうが意味と音声の合体が起こりやすい。そしてできれば部分的であってもアナウンサーの英語を真似ると良い。

　第四は、まわりから聞こえて来る日本語の会話を、かたっぱしから英語で言ってみる練習である。これは同時通訳者とまったく同じ作業である。この利点は、言うべき内容を自分で思いつく必要がないことである。他人の会話は、音声化すべき思い（＝意味）を無尽蔵に提供してくれる。すべてうまく言えなくても、この癖をつけると、スピーキング力は確実にアップする。

　あとはできる限りネイティブスピーカーと話し、英語で書く習慣をつけ、語彙やイディオムを増やすために、多くの英語に触れることである。

第4章

YouCanSpeak
実力判定問題

英語で言ってみよう！

Exercise-01 【名詞化-01】

問題 私は来週あなたに会えるのを楽しみにしています。

《ヒント》① 「〜を楽しみにする」 = look forward to 〜
② to の後には名詞が来る

Exercise-02 【名詞化-02】

問題 毎日上司と一緒にいるのは、全然楽しいことではありません。

《ヒント》① 「〜と一緒にいる」 = be with 〜
② 「楽しいです」 = be fun

Exercise-03 【名詞化-03】

問題 適切な仕事を見つけるのは、そんなに容易ではありません。

《ヒント》① 「適切な」 = appropriate
② 「そんなに〜ではありません」 = be not that 〜

Exercise-04 【名詞化-04】

問題 いつも他人をねたんでいるのは健康によくありません。

《ヒント》① 「〜をねたむ」 = be jealous of 〜
② 「〜によい」 = be good for 〜

Exercise-05 【名詞化-05】

問題 後ろの座席にいた男は突然立ち上がり、私たちに怒鳴った。

《ヒント》① 「後ろの座席」 = the back seat
② 「〜にどなる」 = yell at 〜

Let's Speak in English

第4章 YouCanSpeak 実力判定問題

Exercise-01 【名詞化-01】

- 正解: I am looking forward to **meeting you next week**.
- 代入: I am looking forward to the party.
- 変化: meeting you next week
- 基本: I will meet you next week.

Exercise-02 【名詞化-02】

- 正解: **Being with the boss everyday** is not fun at all.
- 代入: This game is not fun at all.
- 変化: being with the boss everyday
- 基本: I am with the boss everyday.

Exercise-03 【名詞化-03】

- 正解: **To find an appropriate job** is not that easy.
- 代入: The examination is not that easy.
- 変化: to find an appropriate job
- 基本: Did you find an appropriate job?

Exercise-04 【名詞化-04】

- 正解: **To be always jealous of other people** is not good for your health.
- 代入: Fast food is not good for your health.
- 変化: to be always jealous of other people
- 基本: She is always jealous of other people.

Exercise-05 【名詞化-05】

- 正解: **The man on the back seat** suddenly stood up and yelled at us.
- 代入: The stranger suddenly stood up and yelled at us.
- 変化: the man on the back seat
- 基本: The man was on the back seat.

Exercise-06【名詞化-06】

問題 私がレストランで会った男性が彼女のお父さんかもしれません。

《ヒント》① 「〜であるかもしれない」= may be 〜
② 順序を入れ替えるだけの名詞化。

Exercise-07【名詞化-07】

問題 これがあの人たち全員に送るべき手紙ですか？

《ヒント》① 「あの人たち全員に」= to all those people
② letter to send という名詞化には義務の意味がある。

Exercise-08【名詞化-08】

問題 私には競争しなければならない多くの人がいます。

《ヒント》① 「私には〜がいる」= I have 〜
② 「〜と競争する」= compete with 〜

Exercise-09【名詞化-09】

問題 人々が飲料水をくみ上げる井戸はどこにありますか？

《ヒント》① 「…から〜をくみ上げる」= draw 〜 from ...
② 「飲料水」= drinking water

Exercise-10【名詞化-10】

問題 上司に報告されるべき多くの事柄があります。

《ヒント》① 「〜に報告されるべきです」= must be reported to 〜
② 「多くの事柄」= many things

Exercise-06 【名詞化-06】

正解	**The gentleman I met in the restaurant** may be her father.
代入	That may be her father.
変化	the gentleman I met in the restaurant
基本	I met the gentleman in the restaurant.

Exercise-07 【名詞化-07】

正解	Is this **the letter to send to all those people**?
代入	Is this the fact?
変化	the letter to send to all those people
基本	We will send the letter to all those people.

Exercise-08 【名詞化-08】

正解	I have **many people I must compete with**.
代入	I have a clue.
変化	many people I must compete with
基本	I must compete with many people.

Exercise-09 【名詞化-09】

正解	Where is **the well people draw drinking water from**?
代入	Where is the drug store?
変化	the well people draw drinking water from
基本	People draw drinking water from the well.

Exercise-10 【名詞化-10】

正解	There are **many things to be reported to the boss**.
代入	There are some dirty spots.
変化	many things to be reported to the boss
基本	Many things must be reported to the boss.

Exercise-11【名詞化-11】

問題 貴方は、本当は何が欲しいのかを私たちに言うべきです。

《ヒント》① 「〜すべき」 = should 〜
② 「…に〜を言う」 tell 〜 to …

Exercise-12【名詞化-12】

問題 彼らはクラスで何を質問してよいのかまだわかりません。

《ヒント》① 「まだわかりません」 = still don't / doesn't know
② 「クラスで〜を質問する」 ask 〜 in the class

Exercise-13【名詞化-13】

問題 あなたがだれと話すかが最も重要かもしれません。

《ヒント》① 「〜と話す」 = talk to 〜
② 「最も重要」 = the most important

Exercise-14【名詞化-14】

問題 家内と私はどのレストランで食べるかでたいてい意見が合いません。

《ヒント》① 「〜で意見が合わない」 = don't agree on 〜
② 「〜で食べる」 = eat at 〜

Exercise-15【名詞化-15】

問題 彼女がなぜそんなことを言ったのか理解しがたいです。

《ヒント》① 「〜しがたい」 = It's hard to 〜
② 「そんなこと」 = such a thing

第4章　YouCanSpeak 実力判定問題

Exercise-11【名詞化-11】

正解	You should tell us **what you really want**.
代入	You should tell us the truth.
変化	what you really want
基本	What do you really want?

Exercise-12【名詞化-12】

正解	They still don't know **what to ask in the class**.
代入	They still don't know my real name.
変化	what to ask in the class
基本	What do they ask in the class?

Exercise-13【名詞化-13】

正解	**Who you talk to** may be the most important.
代入	The location may be the most important.
変化	who you talk to
基本	Who do you talk to?

Exercise-14【名詞化-14】

正解	My wife and I usually don't agree on **which restaurant to eat at**.
代入	My wife and I usually don't agree on this issue.
変化	which restaurant to eat at
基本	Which restaurant do they eat at?

Exercise-15【名詞化-15】

正解	It's hard to understand **why she said such a thing**.
代入	It's hard to understand his explanation.
変化	why she said such a thing
基本	Why did she say such a thing?

Exercise-16【名詞化-16】

問題 この材料をどこで見つけるのかが我々のビジネスに多大な影響を与えます。

《ヒント》① 「～に多大な影響を与える」 = affect ～ a lot

Exercise-17【名詞化-17】

問題 その先生のこの問題の扱い方はまことにすばらしいです。

《ヒント》① 「～を扱う」 = handle
② 「まことにすばらしい」 = just marvelous

Exercise-18【名詞化-18】

問題 問題は、あなたが奥様にどれだけ正直に彼女の病について語るかです。

《ヒント》① 「問題は～です」 = the question is ～

Exercise-19【名詞化-19】

問題 この単語をどれだけ正確に発音するかがかなり重要です。

《ヒント》① 「発音する」 = pronounce
② 「かなり重要」 = rather critical

Exercise-20【名詞化-20】

問題 家内と雑談している女性は刑事です。

《ヒント》① 「刑事」 = detective
② 「～と雑談する」 chat with ～

第4章 YouCanSpeak 実力判定問題

Exercise-16【名詞化-16】

正解	**Where to find this material** will affect our business a lot.
代入	The climate will affect our business a lot.
変化	where to find this material
基本	Where did you find this material?

Exercise-17【名詞化-17】

正解	**The way (how) the teacher handles this problem** is just marvelous.
代入	The painting on the wall is just marvelous.
変化	the way (how) the teacher handles this problem
基本	The teacher handles this problem in this way.

Exercise-18【名詞化-18】

正解	The question is **how honestly you tell your wife about her illness**.
代入	The question is this.
変化	how honestly you tell your wife about her illness
基本	How honestly do you tell your wife about her illness?

Exercise-19【名詞化-19】

正解	**How accurately to pronounce this word** is rather critical.
代入	His physical condition is rather critical.
変化	how accurately to pronounce this word
基本	How accurately does she pronounce this word?

Exercise-20【名詞化-20】

正解	**The lady chatting with my wife** is a detective.
代入	His brother is a detective.
変化	the lady chatting with my wife
基本	The lady is chatting with my wife.

Exercise-21【名詞化-21】

問題 最近発掘された要塞の遺跡は、歴史を変えるかもしれません。

《ヒント》①「発掘する」= excavate
②「要塞の遺跡」= the ruins of a fortress

Exercise-22【名詞化-22】

問題 ニュージーランドでは太陽は西から昇るとだれが言ったのですか？

《ヒント》①「西から昇る」= rise in the west

Exercise-23【名詞化-23】

問題 怒った妻は「これらの口紅はどこでついたのよ？」と言った。

《ヒント》①「口紅（のマーク）」= lipstick marks
②「〜はどこでついた？」Where did you get 〜?

Exercise-24【名詞化-24】

問題 私は、彼女のご主人が日本食が好きかどうかを知る必要があります。

《ヒント》①「〜かどうか」= whether 〜 or not

Exercise-25【名詞化-25】

問題 この段階では、だれがコンテストに勝つか全然わかりません。

《ヒント》①「この段階では」= at this stage
②「コンテストに勝つ」= win the contest

Exercise-21 【名詞化-21】

- 正解: **The ruins of a fortress recently excavated** may change the history.
- 代入: **This book** may change the history.
- 変化: the ruins of a fortress recently excavated
- 基本: The ruins of a fortress have been recently excavated.

Exercise-22 【名詞化-22】

- 正解: Who told you **that the sun rises in the west in New Zealand**?
- 代入: Who told you **such a stupid thing**?
- 変化: that the sun rises in the west in New Zealand
- 基本: The sun rises in the west in New Zealand.

Exercise-23 【名詞化-23】

- 正解: The angry wife said **"Where did you get these lipstick marks?"**
- 代入: The angry wife said **"Get out!"**
- 変化: "Where did you get these lipstick marks?"
- 基本: Where did you get these lipstick marks?

Exercise-24 【名詞化-24】

- 正解: I need to know **whether her husband likes Japanese food or not**.
- 代入: I need to know **the date**.
- 変化: whether her husband likes Japanese food or not
- 基本: Her husband likes Japanese food.

Exercise-25 【名詞化-25】

- 正解: At this stage, I really don't know **who is going to win the contest**.
- 代入: At this stage, I really don't know **the result**.
- 変化: who is going to win the contest
- 基本: Who is going to win the contest?

Exercise-26【名詞化-26】

問題 村人たちは空中のあの丸い物が何であるかを知りたがった。

《ヒント》①「村人」= villager
②「空中のあの丸い物」= that round thing in the sky

Exercise-27【名詞化-27】

問題 あの夜彼女に起こったことが彼女の人格を変えました。

《ヒント》①「人格」= personality
②「起こったこと」= what happened

Exercise-28【名詞化-28】

問題 彼らが今食べているものは健康によくないかもしれません。

《ヒント》①「健康によい」= good for one's health
②「彼らが食べる物」= what they eat

Exercise-29【名詞化-29】

問題 今あなたが見ているものはダヴィンチによって描かれた有名な絵画です。

《ヒント》①「～によって描かれた絵画」= picture painted by ～
②「～を見る」= look at ～

Exercise-30【名詞化-30】

問題 あなたが申し込むどの大学にも推薦文を書きましょう。

《ヒント》①「推薦文」= recommendation
②「～に申し込む」= apply to ～

第4章 YouCanSpeak 実力判定問題

Exercise-26【名詞化-26】

正解	The villagers wanted to know **what that round thing in the sky was**.
代入	The villagers wanted to know the fact.
変化	what that round thing in the sky was
基本	What was that round thing in the sky?

Exercise-27【名詞化-27】

正解	**What happened to her that night** changed her personality.
代入	The divorce changed her personality.
変化	what happened to her that night
基本	What happened to her that night?

Exercise-28【名詞化-28】

正解	**What they are eating now** may not be good for their health.
代入	This food may not be good for their health.
変化	what they are eating now
基本	They are eating something now.

Exercise-29【名詞化-29】

正解	**What you are looking at** is the famous picture painted by Da Vinci.
代入	This is the famous picture painted by Da Vinci.
変化	what you are looking at
基本	What are you looking at?

Exercise-30【名詞化-30】

正解	I will write a recommendation to **whichever university you apply to**.
代入	I will write a recommendation to the company.
変化	whichever university you apply to
基本	Which university do you apply to?

Exercise-31【名詞化-31】

問題 助けを求める人はだれでも我々の十分な支援を得るでしょう。

《ヒント》①「助けを求める」 = ask for help
②「〜する人はだれでも」 = whoever 〜

Exercise-32【名詞化-32】

問題 あのレポートを書いたボブは、多くの読者に批判されました。

《ヒント》①「批判する」 = criticize
②「〜する/したボブは」 = Bob who 〜

Exercise-33【副詞化-01】

問題 その若い夫婦は東京に家を買うために昼も夜も働きました。

《ヒント》①「夫婦」 = couple
②「昼も夜も」 = day and night

Exercise-34【副詞化-02】

問題 音読することにより、英語を上達させることができます。

《ヒント》①主語 You を使って表現
②「音読する」 = read aloud

Exercise-35【副詞化-03】

問題 その会社に断られたとき、彼は玄関口に火をつけてしまいました。

《ヒント》①「断る/却下する」 = reject
②「〜に火をつける」 = set fire to 〜

Exercise-31 【名詞化-31】

正解	**Whoever asks for help** will get our full support.
代入	**Those students** will get our full support.
変化	whoever asks for help
基本	Who asks for help?

Exercise-32 【名詞化-32】

正解	**Bob who had written that report** was criticized by many readers.
代入	**That particular article** was criticized by many readers.
変化	Bob who had written that report
基本	Bob had written that report.

Exercise-33 【副詞化-01】

正解	The young couple worked day and night **to buy a house in Tokyo**.
代入	The young couple worked day and night **for two years**.
変化	to buy a house in Tokyo
基本	We buy a house in Tokyo.

Exercise-34 【副詞化-02】

正解	You can improve your English **by reading aloud**.
代入	You can improve your English **in this way**.
変化	by reading aloud
基本	We read aloud.

Exercise-35 【副詞化-03】

正解	**When rejected by the company**, he set fire to the entrance hall.
代入	**To my surprise**, he set fire to the entrance hall.
変化	when rejected by the company
基本	He was rejected by the company.

Exercise-36【副詞化-04】

問題 私の上司は入ってくるたびに、受付嬢にささやくのです。

《ヒント》① 「受付嬢」 = receptionist
② 「～にささやく」 = whisper to ～

Exercise-37【副詞化-05】

問題 あなたが今日それを買わない限り、だれか他の人の物になるでしょう。

《ヒント》① 「～しない限り」 = unless ～
② 「他の人の物」 = someone else's

Exercise-38【副詞化-06】

問題 公園であの子どもたちを見ていたとき、彼女は死んだ子どものことを思い出しました。

《ヒント》① 「死んだ子ども」 = lost child
② 「～を思い出す」 = reminisce about ～

Exercise-39【副詞化-07】

問題 先生のコメントにうれしくなり、彼女は自信を回復しました。

《ヒント》① 「～にうれしくなる」 = pleased with ～
② 「～を回復する」 = regain

Exercise-40【副詞化-08】

問題 彼がおばあさんを訪問するときはいつも、彼女は彼のためにご馳走を用意します。

《ヒント》① 「～するときはいつも」 = whenever ～
② 「ご馳走を用意する」 = prepare something special

第4章　YouCanSpeak 実力判定問題

Exercise-36【副詞化-04】

正解	**Every time my boss comes in**, he whispers to the receptionist.
代入	Almost every morning, he whispers to the receptionist.
変化	every time my boss comes in
基本	My boss comes in.

Exercise-37【副詞化-05】

正解	**Unless you buy it today**, it will be someone else's.
代入	Unfortunately, it will be someone else's.
変化	unless you buy it today
基本	You buy it today.

Exercise-38【副詞化-06】

正解	**Seeing those children in the park**, she reminisced about her lost child.
代入	Once in a while, she reminisced about her lost child.
変化	seeing those children in the park
基本	She saw those children in the park.

Exercise-39【副詞化-07】

正解	**Pleased with the teacher's comment**, she regained her confidence.
代入	Eventually, she regained her confidence.
変化	pleased with the teacher's comment
基本	She was pleased with the teacher's comment.

Exercise-40【副詞化-08】

正解	**Whenever he visits his grandmother**, she prepares something special for him.
代入	Usually, she prepares something special for him.
変化	whenever he visits his grandmother
基本	When does he visit his grandmother?

●著者プロフィール

木下 和好
（きのした　かずよし）

1946年静岡県静岡市清水区生まれ。
東京キリスト教大学卒業後、Gordon-Conwell大学院[MA]ならびにCalifornia Graduate School修了。Litterarum Doctor（文学博士）取得。小学6年～中学1年の時、独学で英会話をマスター。中学3年の時に通訳の訓練を受け、高校1年から通訳開始。高校2年の時、全国英語弁論大会で優勝。大学1年の時、ベルリンで開かれたキリスト教国際会議に、通訳として招かれる。大学3年の時、米国映画"Who cares？"の主役に抜擢される。米国大学院を卒業後、Beatrice Foodに3年勤務。米国永住権取得後帰国する。1991年1月「米国大統領朝食会」に招待される。
同時通訳セミナー講師。NHKラジオ・テレビ「Dr. Kinoshitaのおもしろ英語塾」教授。民放各局のテレビにゲスト出演し、「Dr. Kinoshitaの究極英語習得法」を担当する。ReaL Stick (英語の発音矯正具)を発明・特許取得。

■著書多数：「英語の耳トレ」（中経出版）、「こどもをバイリンガルに育てる方法」（ダイヤモンド社）etc. ウェブ上で展開するYouCanSpeak講座を開発・特許申請中。

思ったことが瞬時に言える英会話トレーニング
バイリンガルになれるYouCanSpeakメソッド

2006年11月17日… 初版発行	＊発行者 … 竹尾和臣
2007年 7月 3日… 2版発行	＊制作者 … 小菅淳吉（有限会社ジェイエディット）
	＊発行所 … 株式会社日興企画
	〒104-0045 東京都中央区築地2-2-7 日興企画ビル
	[TEL] 03-3543-1050　[FAX] 03-3543-1288
	[E-mail] book@nikko-kikaku.co.jp
	[URL] http://www.nikko-kikaku.com
	郵便振替 = 00110-6-39370
＊著者 … 木下和好	＊印刷所 … シナノ印刷株式会社
	＊定価 … カバーに表示してあります

ISBN978-4-88877-648-6 C2082　　©Kazuyoshi KINOSHITA 2006, Printed in Japan

【小社出版物のご案内】定価・価格はすべて税込みです。

●藤井正嗣＋ゲーリー・スコット・ファイン＝著
会話を円滑に進める英語コミュニケーション戦略
トランジッション・イディオム・エクスプレッションの的確な使い方
英会話をスムーズに行うための話を上手につなぐ表現や慣用句、話の流れを掴むサインポストの表現などを豊富に収録。　256ページ・A5判★定価2730円

●浅見ベートーベン＝著
場面別・ネゴシエーションの英語
社内準備から成約まで／そのまま使える文例と技術
英語のビジネス交渉で直面するさまざまな場面での表現。交渉の特徴・種類・手順・心構え・技術も解説。　216ページ・A5判★定価2100円

●藤井正嗣＋野村るり子＝著
英語でプレゼン そのまま使える表現集
実践に役立つ"使える"英語を厳選し、使用頻度の高い最新の基本表現1200文例をプレゼンの流れに沿って収録。　204ページ・A5判★定価2100円
CD版 別売（価格2520円）

英語でミーティング そのまま使える表現集
ビジネス・ミーティングでよく使われる組み合わせ自由な基礎表現1100文例を、司会者と参加者別にわかりやすく収録。　240ページ・A5判★定価2310円
CD版 別売（価格2520円）

英語でスピーチ そのまま使える表現集
セミナーやセレモニーで聴衆を魅了するための組み合わせ自由な基礎表現700文例と模範的なサンプル・スピーチ18例。　272ページ・A5判★定価2415円
CD版 別売（価格2520円）

●西村信勝＋清水和明＋ジェラルド・ポール・マクリン＝著
基礎からわかる金融英語の意味と読み方
金融の仕組みを理解し、金融英語を読みこなす上で必ず押えておきたい約120の基本用語をやさしく解説。　304ページ・A5判★定価2625円

●清水和明＝著
マーケットの目で読む英米の金融・経済記事
為替、市況、金利と債券、株式、不良債権、投資信託とヘッジ・ファンド、法令遵守等、20の英字新聞・雑誌記事を詳しく解説。　204ページ・A5判★定価2100円

▼国際ビジネス実戦セミナー

●小中信幸＋仲谷栄一郎＝著
契約の英語 ① ／国際契約の考え方
問題を所在をつかむ ─「英文」として読む ─「契約書」として読む ─ わかりやすく書く ─ ありのままに訳す　272ページ・A5判★定価2940円

契約の英語 ② ／売買・代理店・ライセンス・合弁
国際契約書の平易な例文を素材に、問題点や有利な国際契約を結ぶための交渉方法を、条文ごとにやさしく解説。　238ページ・A5判★定価2940円

●岩崎洋一郎＋仲谷栄一郎＝著
交渉の英語 ① ／国際交渉の考え方
交渉の申し入れ ─ ビジネス面の交渉 ─ 契約書をめぐる交渉 ─ 紛争が生じた際の交渉 ─ 難局を切り抜ける　216ページ・A5判★定価2835円

交渉の英語 ② ／相手を説得する技術
交渉に入るまで ─ 売買契約 ─ 代理店契約 ─ ライセンス契約 ─ 合弁契約 ─ 契約書をめぐる交渉 ─ クレームの交渉　224ページ・A5判★定価2835円
☆ケース入りセット版（テキスト＋CD＝5460円）もあります
CD版 別売（価格2625円）

交渉の英語 ③ ／難局を切り抜ける技術
主張する・提案する ─ 質問する・答える ─ 同意する・反対する ─ 逃げる ─ 非常事態に対応する ─ トリック戦法　220ページ・A5判★定価2835円
☆ケース入りセット版（テキスト＋CD＝5460円）もあります
CD版 別売（価格2625円）